JN120739

ハンディシリーズ
発達障害支援・
特別支援教育ナビ

柘植雅義◎監修

涌井 恵 編著

特別支援教育と アクティブ・ラーニング

── 一人ひとりの違いを活かす
　　通常学級での教え方・学び方

● 涌井　恵　　● 嶋﨑博一
● 関田一彦　　● 堀川知子
● 栗原慎二　　● 畑中由美子
● 伊藤崇達　　● 小野典利
● 原田浩司　　● 田中博司
● 石川　晋　　● 久武孝弘

金子書房

「発達障害支援・特別支援教育ナビ」の刊行にあたって

　2001 年は，新たな世紀の始まりであると同時に，1 月に文部科学省の調査研究協力者会議が「21 世紀の特殊教育の在り方について ～一人一人のニーズに応じた特別支援の在り方について～」という最終報告書を取りまとめ，従来の特殊教育から新たな特別支援教育に向けた転換の始まりの年でもありました。特に画期的だったのは，学習障害（LD），注意欠如多動性障害（ADHD），高機能自閉症等，知的障害のない発達障害に関する教育の必要性が明記されたことです。20 世紀の終わり頃，欧米などの他国と比べて，これらの障害への対応は残念ながら日本は遅れ，国レベルでの対応を強く求める声が多くありました。

しかし，その 2001 年以降，取り組みがいざ始まると，発達障害をめぐる教育実践，教育行政，学術研究，さらにはその周辺で深くかかわる福祉，医療，労働等の各実践，行政，研究は，今日まで上手い具合に進みました。スピード感もあり，時に，従来からの他の障害種から，羨望の眼差しで見られるようなこともあったと思われます。

そして 14 年が過ぎた現在，発達障害の理解は進み，制度も整い，豊かな実践も取り組まれ，学術研究も蓄積されてきました。以前と比べれば隔世の感があります。さらに，2016 年 4 月には，障害者差別解消法が施行されます。そこで，このような時点に，発達障害を巡る種々の分野の成長の全容を，いくつかのテーマにまとめてシリーズとして分冊で公表していくことは非常に重要です。そして，発達障害を理解し，支援をしていく際に，重要度の高いものを選び，その分野において第一線で活躍されている方々に執筆していただきます。各テーマを全体的に概観すると共に，そのテーマをある程度深く掘り下げてみるという 2 軸での章構成を目指しました。シリーズが完成した暁には，我が国における発達障害にかかわる教育を中心とした現時点での到達点を集めた集大成ということになると考えています。

最後になりましたが，このような画期的なアイデアを提案して下さった金子書房の先見性に深く感謝するとともに，本シリーズが，我が国における発達障害への理解と支援の一層の深まりに貢献してくれることを願っています。

2014 年 9 月

シリーズ監修　柘植雅義

Contents

第1章

多様性のある通常学級における
アクティブ・ラーニング
—— 一人ひとりの「違い」を活かす主体的・対話的で深い学び

涌井　恵

1 アクティブ・ラーニングと授業・学習のユニバーサルデザイン化

　現在では，特別な支援を必要とする子どもは全くいないという通常学級の方が珍しいだろう。文部科学省（2022）の調査によれば，小中学校の通常学級に在籍する発達障害の可能性があり，特別な教育的支援を必要とする子どもは推定値で8.8%であった。1学級を35名[注]とすると，学級に3名は在籍していることになる。発達障害のある子どもたち以外にも，現代の通常学級には，不登校の子ども，日本語が母語でない外国にルーツのある子ども，虐待などにより心理的な問題を抱えている子ども等々，実にさまざまな多様な教育的ニーズを抱えた子どもたちがいる。「発達障害を含む障害のある幼児児童生徒に対する教育支援体制整備ガイドライン」（文部科学省，2017e）では，「授業は，全ての児童等にとって，分かる，できる，楽しい授業であることが求められます。(p.38)」と指摘している。

　しかし，もはやこれまでの指導技術では立ち行かず，学級経営や授業に苦慮している教員も多い。従来の教え込み型の授業ではなく，発達障害等の特別な教育的ニーズのある子どもも含め，全ての子どもにとって学習内容がわかるユニバーサルデザインの授業が求められているといえる。

　他方，学習指導要領（2017（平成29）年3月公示）では，「主体的・対話的で深い学びの実現に向けた授業改善」の推進が掲げられた（文部科学省，2017a;

※注　公立小学校の学級編成を35人に引き下げる「公立義務教育諸学校の学級編制及び教職員定数の標準に関する法律の一部を改正する法律案」が2021年2月2日に閣議決定され，2021年度から5年かけて1クラスあたり35人に引き下げることになっている。

2017b)。また，小学校や中学校の学習指導要領解説総則編（文部科学省，2017c; 2017d）では，『「主体的・対話的で深い学び」の実現に向けた授業改善（アクティブ・ラーニングの視点に立った授業改善）を推進することが求められる。』という記述があり，「主体的・対話的で深い学び」と「アクティブ・ラーニング」は同義のものとして解説されている。

　これまで，発達障害等のある子どもの支援に関わって目指してきた授業のユニバーサルデザイン化と，アクティブ・ラーニングの実践を進めていくこととは矛盾しない。むしろ，アクティブ・ラーニングの推進は発達障害等の特別な支援の必要な子どもたちの支援の充実にとって追い風である。最近の神経科学等の研究から，一人ひとりの子どもはそれぞれ認知特性や学び方が異なっていることが明らかになり，全ての子どもを深い学びへと誘うためには，一人ひとりの違いと多様性に応えることが必要であると指摘されている（CAST，2011; Hinton & Fischer，2010）。したがって，よりよいアクティブ・ラーニングの実践を目指すならば，個々に合わせた支援は特別なことではなくなる訳で，そして，これは誰もがわかるよう配慮・工夫を施すユニバーサルデザイン化とも合致する授業や学習の在り方となる。

　さらに2021（令和3）年1月26日には，中央教育審議会より『「令和の日本型学校教育」の構築を目指して〜全ての子供たちの可能性を引き出す，個別最適な学びと，協働的な学びの実現〜（答申）』が出され，目指すべき新しい時代の学校教育の姿として「全ての子供たちの可能性を引き出す，個別最適な学びと，協働的な学びの実現」が提言された。学習指導要領において示された資質・能力の育成を着実に進めることが重要であり，そのためには新たに学校における基盤的なツールとなるICTも最大限活用しながら，多様な子どもたちを誰一人取り残すことなく育成する「個別最適な学び」と，子どもたちの多様な個性を最大限に生かす「協働的な学び」の一体的な充実が図られることが求められている（中央教育審議会，2021）。

　本稿の第4節において後述をするが，「協働的な学び」を行いながら，同時に「個別最適な学び」を一体的に充実させることは，決して不可能なことではない。

2 ことばの整理――アクティブ・ラーニングと「主体的・対話的で深い学び」

　さて，本節では，アクティブ・ラーニングと「主体的・対話的で深い学び」について用語の整理を行おう。アクティブ・ラーニングという用語は，日本ではもともと，大学における教授方法や学習方法の改善の議論の流れの中で注目されてきたものであった。「新たな未来を築くための大学教育の質的転換に向けて――生涯学び続け，主体的に考える力を育成する大学へ（答申）」（中央教育審議会，2012）の用語集において，アクティブ・ラーニングは「教員による一方向的な講義形式の教育とは異なり，学修者の能動的な学修への参加を取り入れた教授・学習法の総称。学修者が能動的に学修することによって，認知的，倫理的，社会的能力，教養，知識，経験を含めた汎用的能力の育成を図る。発見学習，問題解決学習，体験学習，調査学習等が含まれるが，教室内でのグループ・ディスカッション，ディベート，グループ・ワーク等も有効なアクティブ・ラーニングの方法である。」と定義されている。

　その後，2014（平成26）年11月の文部科学大臣による諮問（「初等中等教育における教育課程等の基準等の在り方について」）を契機にアクティブ・ラーニングはあらゆる学校段階において注目され重要視されるようになっていった。この文部科学大臣による諮問の時点では，アクティブ・ラーニングは「課題の発見と解決に向けて主体的・協働的に学ぶ学習」と説明されていた。

　しかし，その後の中央教育審議会での数々の審議を経て，アクティブ・ラーニングという用語に代わって，「主体的・対話的で深い学び」というフレーズが多用され，「アクティブ・ラーニング」は，子どもたちの「主体的・対話的で深い学び」を実現するために共有すべき授業改善の視点として位置付けられた。さらに，「学習活動を子供の自主性のみに委ね，学習成果につながらない「活動あって学びなし」と批判される授業に陥ったり，特定の教育方法にこだわるあまり，指導の型をなぞるだけで意味のある学びにつながらない授業になってしまったりという恐れも指摘されている」といった記述がみられ，特定の学習や指導の「型」に拘泥することへの懸念が示されている。

　上述の用語の変遷に対して，溝上（2016）は，「協働的」という言葉は対話的

な学びに内包されているので，「深い学び」が追加されたことが最大の変更点であり，これは「活動あって学びなし」「這い回るアクティブ・ラーニング」といった批判への対応なのだろうと推察している。

　一方で，溝上（2016）は，この中央教育審議会において主体的・協働的な学びであればそれでよいとは以前から論じておらず，アクティブ・ラーニングを通じて目指す学習として「深い学び」も補足説明されていたことも指摘している。アクティブ・ラーニングは，学習者自らが主体的，能動的に内的にも外的にも活動を活発化して行われることを含意するものであるのだが，学習理解の深さにより焦点を当てた「ディープ・アクティブラーニング」（松下，2015）という用語が使われることもある。松下（2015）は「アクティブ・ラーニングとは，学生が学習を自ら責任主体となって行うことを重視した授業形態の総称（とそこで行われる学習）」であり，「ディープ・ラーニングとは概念理解に基づいてなされ，知識の組みかえや幅広い適用を可能にし，思考・感情・行為の持続的変化をもたらしうるような学習」であると定義し，両者を兼ね備えた「ディープ・アクティブラーニング」を目指すべきであるとしている。

　以上のことから，アクティブ・ラーニングやディープ・アクティブラーニングとは，「主体的・対話的で深い学び」と言い換えてもよいと考えられる。また，中央教育審議会（2021）や文部科学省が使う「協働的な学び」も同義と捉えて良いと考えられる。

3 "主体的・対話的で深い学び"の成功のポイント

（1）一人ひとりの学び方の多様性を前提することの重要性

　それでは，「活動あって学びなし」といった状態に成らないためには，"主体的・対話的で深い学び"の成功のためには，どのような授業づくりのポイントがあるのだろうか。そのヒントは，協同学習（cooperative learning）や，集団随伴性，学びのユニバーサルデザイン（UDL）（CAST，2011）に関する研究知見に見い出すことができる（涌井，2017）。冒頭に述べたように，特別な支援を必要とする子どもに限らず，一人ひとりの子どもは認知特性や学び方がそれ

それ異なっている（CAST，2011，Hinton & Fischer，2010）。まずは，このことを大前提にすることが重要である。さらに，この前提の下にどの子どもも「主体的・対話的で深い学び」へと誘い，その能力を伸ばす授業・学習はどうあるべきか探っていく。

（2）協同学習（cooperative learning）に関する研究から

さらに，この前提の下に，どの子どもも「主体的・対話的で深い学び」へと誘うために，協同学習の知見も参考となる。「主体的・対話的で深い学び」を実現するために，ペアやグループ学習の指導形態を採ることが考えられる。しかし，単にグループで活動を行い，対話の状況を設定するだけでは指導効果は得られず，学業や対人面での成果を上げるためには次の5つの条件を満たすことが必要となることをJohnson, Johnson & Holubec（2002）は協同学習（cooperative learning）に関する研究から明らかにしている。

その5つの条件とは，①お互いに恩恵を与え合ったり，お互いに役割を果たし合ったりしてこそチームの目標が達成されるなど，学習のめあてや教材，役割分担等に互恵的相互依存関係（positive interdependence）があること，②子ども同士の対面的なやりとりの機会が十分にあること，③個人の責任がはっきりしていること，④ソーシャルスキルや協同のスキルが教えられ，頻繁に活用できる状況設定がされていること，⑤自分たちはどんなふうに協同がうまくいったか，またどんな改善点が考えられるかといった，チームのふりかえりがなされることの5つである。さらに，発達障害など多様な教育的ニーズのある子どもたちも参加・活躍でき，深く学ぶことができるようにするためには，この5つに加えて6つ目の条件として⑥教材や課題へのマルチ知能（Gardner，1999）や多感覚が活用されることが重要となる（涌井，2016）。

単にグループでプリント問題を解きなさいと指示をしても，例えば個人の役割分担や責任が不透明であると，ある一人の者だけの努力によって，全てのプリント問題が解答され，他児は傍観するだけといった社会的手抜き（「無賃乗車」と言われたりもする）が起こる。あるいは，グループ内で協働してプリント課題に取り組めても，話し合う際のソーシャルスキルが未熟であったりすると，ケンカやいざこざにつながってしまうこともある。また，学習活動や教材が言語

的な活動のみに偏っていると，発達障害のある子どもにとっては課題の難易度が上がってしまう。

　上述のアクティブ・ラーニングを成功に導くための6つの条件は，特定の指導技法に限らず，また学習場面に限らず行事等も含めた協同・協働を目指した全ての活動において，広く適用できる視点である。

(3) 集団随伴性に関する研究知見から──学級内の競争と協力への配慮

　グループ活動を設定する場合，通常の学級の人数規模の場合，学級の中に複数のグループができることだろう。その時，教師が意図する・しないに関わらず，グループ間では競争の文脈が機能している場合がある。

　応用行動分析学では，あるグループについて，そのメンバー全員あるいは代表者の行動によって，メンバー全員に対する強化（賞賛，承認，ご褒美など何らかの好ましい結果が起こること）が決定されるような強化随伴性が働いている事態を集団随伴性という。そして，この集団随伴性の作用下では，グループの仲間に対して助け合ったり賞賛したりする等の自発的な援助行動が生じることがわかっている（涌井，2006）。

　班内は協力し，他班とは競争するといった文脈の下では，早く答えや良いアイデアを見つけた班が，他班の子どもに対してそのアイデア等を隠したり，「（アイデアを）まねするな」等といった，いわば他班を敵とみなすような発言をよく見かける。また，クラス内で勝敗が生じ，勝った班が協力して達成した喜びを共有できる一方，負けた班では未達成感と班のメンバーの失敗を責めるネガティブな感情が生じても致し方ないような文脈が必然的に生じてしまうケースも見られる。

　もちろん，そういったことには発達的な意義もある。しかし，一方で，学級経営の視点からみると，日本の学校文化では，学級全体を一つの仲間として日々の生活を送っているという意識の方が教師も子どもたちも強い。そのような中に，グループ間の競争文脈が生じることは，学級経営に矛盾が生じる。グループ間で活動するとしても，クラス"全員"が協力して課題解決できることを目標として掲げれば，自発的な援助行動が生じることというポジティブな集団随伴性の効果（涌井，2006）を引き出すことが期待できる。良いアイデアをひらめ

いた班は，それを他班にも教えに行くようになったり，まだできていない班は
どこかなと探し回ったりする子どもが出てくるようになるだろう。このことか
ら，学級経営の視点から学級全体を一つのグループのまとまりと考え，学級全
体を1単位として強化随伴を行う集団随伴性が作用するよう指導を方向づけた
方がよいと涌井 (2017) は指摘している。

　加えて，協力の文脈を学習の中に設定する，つまり集団随伴性を導入する際
の最も重要な配慮点として，発達障害等の特別な支援ニーズのある子どもがい
つも一方的に援助される側に固定されないようにし，発達障害等の特別な支援
ニーズのある子どもの良い面を発揮できるような課題設定をすることが挙げら
れる（涌井，2013）。

（4）学びのユニバーサルデザイン (UDL) (CAST, 2008; 2011,)

　（2）の項や（3）の項で記したような子ども同士の協同的な活動は，子ども
のやる気（動機づけ）や自ら課題に取り組み続けることを促進することが学びの
ユニバーサルデザイン (UDL) の3原則 (CAST, 2011) において指摘されてい
る。学びのユニバーサルデザインの3原則 (CAST, 2011) では，誰もが学び
やすくなる学習の工夫の視点として次の3原則を掲げている。①提示に関する
多様な方法の提供［教材や教師側から提示されるもの（プリントや教示）にアク
セスできるよう多様な選択肢（例えば，視覚情報，聴覚情報，語注など）を用意
すること］，②行動と表出に関する多様な方法の提供［子どもが発表など理解し
ていることを表出できるよう多様な選択肢（例えばコミュニケーション支援機
器，制作や作文を補助するツールなど）を用意すること］，③取り組みに関する
多様な方法の提供［子どもが課題にやる気をもって取り組み続けることができ
るよう多様な選択肢（例えば興味のある方を選択できるようにする，模造品で
なく本物を使うなど）を用意すること］の3つである。この3つの原則は，子ど
も一人ひとりは学び方や認知特性が異なっていることを前提として編み出され
たものであるので，個別最適化と協働的な学びを両立させたアクティブ・ラー
ニングを考える際に，参考となるだろう。

4 「個別最適な学び」と協働的な学びの一体的な充実に向けて

　UDL原則とアクティブ・ラーニングについて論考した涌井（2017）では，多様な子どもたちが学ぶ通常の学級におけるユニバーサルデザインなアクティブ・ラーニングのポイントとして，次の4点を指摘した。①焦点化と明確化（授業のねらい，子どもが何を学ぶのか，授業のゴール・山場を焦点化し，子どもに明確に伝える），②マルチ知能化（視覚化だけでなく多感覚でさまざまなマルチ知能が活用できる授業内容にする），③協同化と共有化（協同的な活動を通して，体験や感情を共有し親和的かつ個々の違いを尊重する仲間集団を育てる），④自律化と自律の自覚化（学習における自己選択や自己決定の機会を増やし，自己調整を促す）である。

　筆者は，これまで第3節の（2）の項で述べた，グループ学習が成功するための6つの条件やUDLの3原則（CAST，2011）と上記の①から④を加味し，「学び方自己選択式学び合い」（涌井，2016）を開発し，実践研究を行なってきた。「学び方自己選択式学び合い」（涌井，2016）では，8つのマルチ知能と，やる気・記憶・注意の3つの力を学び方（学習方略）（図1-1，図1-2，図1-3）を考える糸口として活用し，個々が自分と課題にあった学び方を選択し，自分なりの方法を工夫して学習を進める。個々が自分なりの学び方で工夫しながら学習を進めることは，「個別最適な学び」とも言えるだろう。また，「学び方自己選択式学び合い」（涌井，2016）では，同じ学び方あるいは異なる学び方をしている友達と交流したり，協働して，学習を進めていくことも多用するので，「協働的な学び」も含まれている。個々それぞれが異なる学び方をしているからこそ，友達との交流の中で，その違いの対比から深い理解に達し，協働的な学びが深まることがある。「個別最適な学び」は単にICT機器で個別最適化された問題を解くということに留まらず，協働的な学びと一体的に充実させていく一例として，提案できるだろう。第7章に「学び方自己選択式学び合い」（涌井，2016）の実践例があるので詳しくはそれを参照されたい。

　今後の課題としては，学びの深さの評価方法について研究を進める必要がある。また自己調整学習の程度についての評価指標の開発も必要であろう。

マルチピザの8つの力とは？

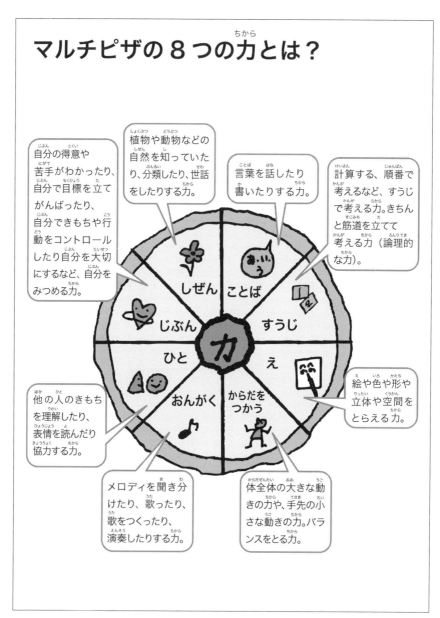

自分の得意や苦手がわかったり、自分で目標を立ててがんばったり、自分できもちや行動をコントロールしたり自分を大切にするなど、自分をみつめる力。

植物や動物などの自然を知っていたり、分類したり、世話をしたりする力。

言葉を話したり書いたりする力。

計算する、順番で考えるなど、すうじで考える力。きちんと筋道を立てて考える力（論理的な力）。

他の人のきもちを理解したり、表情を読んだり協力する力。

絵や色や形や立体や空間をとらえる力。

メロディを聞き分けたり、歌ったり、歌をつくったり、演奏したりする力。

体全体の大きな動きの力や、手先の小さな動きの力。バランスをとる力。

図1-1　子ども向け説明つきのマルチピザ・ポスター（涌井，2016）

（©スイミー風呂プロジェクト，2012　JSPS科研費21730730の助成による。中央のピザはArmstrong T.（2000）吉田新一郎訳（2002）『「マルチ能力」が育む子どもの生きる力』（小学館）を参考に作成）

きみには たくさんの 力が ある！

きみには どんな力が あるかな？ どの子もみんな、力をもっています。なんと、それは ひとつではないんだ。
だれもが 8＋3の力を もっています。自分に どんな力があるか、見つけていきましょう。

マルチピザの8つの力
なにかをかんがえたり、まなぶときに、8つの力の中で、つかう力もあれば、つかわない力もある。けれど、いろんな力をたくさんつかった方が、わかりやすく、おぼえやすくなる。

やる・き・ちゅトリオの3つの力
「やるき」「きおく」「ちゅうい」（やる・き・ちゅ）は あたまをつかうときに、いつもつかっている力。マルチピザの力をつかえるように、ささえてくれている力。

やるきのコツ
① すきなことと べんきょうをむすびつけると、やるきがアップするよ。
② イライラ／くよくよのときは、心をリラックスさせよう。
③ がんばっていることをほめてくれたり、はげましてくれるサポーターをみつけよう。
→おうちの人、せんせい、ともだちなど

きおくのコツ
① おぼえるときのコツ
・マルチピザの8つの力をいっぱいつかおう。
・「くりかえし」の天才になろう。
② かんがえたり、けいさんしたりするときのコツ
・だいじなことはメモにかく。
・やることのじゅんばんをチェックリストにかく。

ちゅういのコツ
① よけいなものはしまう。
② じゅうようなことばやポイントにしるしをつけて目立たせる。
③ 一どに一つのことをする。
④ よくねて、せいかつリズムをととのえる。
⑤ ストップ、かんがえよう やるまえに、一どとまってかんがえよう！

図1-2　やる気・記憶・注意の3つの力（小学校低学年版）
（©スイミー風呂プロジェクト，2012　JSPS 科研費21730730の助成による　協力：鹿沼市立みなみ小学校）

きみには たくさんの 力が ある！

きみには どんな力が あるかな？ どの子もみんな、力をもっています。なんと、それは ひとつではないんだ。
だれもが 8＋3の力を もっています。自分に どんな力があるか、見つけていきましょう。

マルチピザの8つの力
何かを考えたり、学ぶときに、8つの力の中で、使う力もあれば、使わない力もある。けれど、いろんな力をたくさん使った方が、わかりやすく、おぼえやすくなる。

やる・き・ちゅトリオの3つの力
「やる気」「記憶」「注意」（やる・き・ちゅ）は 頭を使うときに、いつも使っている力。マルチピザの力をうまく使えるように、ささえてくれている力。

やる気のコツ
① すきなことと勉強を結びつけると、やる気がアップするよ。
② イライラ／くよくよのときは、心をリラックスさせよう。
③ がんばっていることをほめてくれたり、「きみならできる」と、はげましてくれるサポーターを決めておこう。
→おうちの人、先生、友だちなど

記憶（きおく）のコツ
① おぼえるときのコツ
・マルチピザの8つの力をいっぱい使おう。
・「くりかえし」の天才になろう。
・おぼえることを好きなことと結びつけて考えよう。
② 頭の中で考えたり、計算したりするときのコツ
・大事なことはメモに書き、見ながら考える。
・やることの順番をチェックリストに書く。

注意のコツ
① よけいなものはしまう。
② 重要なことばやポイントに印をつけて目立たせる。
③ 一度に一つのことをする。
④ よくねて、生活リズムをととのえる。
⑤ ストップ、考えよう！やる前に、一度止まって考えよう。
⑥ スケジュールや手順表を用意し、おわったことに印をつけていく。

図1-3　やる気・記憶・注意の3つの力（小学校高学年版）
（©スイミー風呂プロジェクト，2012　JSPS 科研費21730730の助成による　協力：鹿沼市立みなみ小学校）

【引用・参考文献】

CAST. (2011). Universal Design for Learning Guidelines version 2.0. Wakefield, MA: Author.

中央教育審議会. (2012). 用語集. 新たな未来を築くための大学教育の質的転換に向けて：生涯学び続け, 主体的に考える力を育成する大学へ（答申）. 文部科学省（2012年（平成24年）8月28日）. http://www.mext.go.jp/component/b_menu/shingi/toushin/__icsFiles/afieldfile/2012/10/04/1325048_3.pdf. (2017年3月27日閲覧)

中央教育審議会. (2021). 「令和の日本型学校教育」の構築を目指して～全ての子供たちの可能性を引き出す, 個別最適な学びと, 協働的な学びの実現～（答申）. 文部科学省.

Gardner, H. (1999). Intelligence reframed. New York: Basic Books. (松村暢隆（訳）. (2001). MI:個性を生かす多重知能の理論. 新曜社.)

Hinton, C. & Fischer, K.W.(2010). Learning from a developmental and biological perspective, In book: The Nature of Learning: Using Research to Inspire Practice, Publisher: OECD. ヒントン, C. &フィッシャー, K. W. (2010) 発達と生物学的視点からみた学習. (OECD教育研究革新センター編著, 立田慶裕・平沢安政（監訳）. (2013) 学習の本質：研究の活用から実践へ. 133-157.)

Johnson,D.W., Johnson,R.T. & Holubec,E.J. (2002). Circles of learning: Cooperation in the classroom (5th ed.). Interaction Book Company, Edina, Minnesota. (石田裕久・梅原巳代子（訳）. (2010). 学習の輪 改訂新版：学び合いの協同教育入門. 二瓶社.)

松下佳代 (2015). ディープ・アクティブラーニングへの誘い. 松下佳代・京都大学高等教育研究開発推進センター（編）ディープ・アクティブラーニング：大学授業を深化させるために. 勁草書房. pp1-27.

溝上慎一 (2016). (理論)初等中等教育における主体的・対話的で深い学びーアクティブ・ラーニングの視点. 溝上慎一ホームページ, http://smizok.net/education/subpages/a00003(shochu).html（アクセス日 2023年1月17日）.

文部科学省. (2017a). 小学校学習指導要領（平成29年告示）

文部科学省. (2017b). 中学校学習指導要領（平成29年告示）

文部科学省. (2017c). 小学校学習指導要領（平成29年告示）解説総則編

文部科学省. (2017d). 中学校学習指導要領（平成29年告示）解説総則編

文部科学省. (2017e). 発達障害を含む障害のある幼児児童生徒に対する教育支援体制整備ガイドライン. https://www.mext.go.jp/component/a_menu/education/micro_detail/__icsFiles/afieldfile/2017/10/13/1383809_1.pdf（アクセス日2023年3月30日）.

文部科学省. (2022). 通常の学級に在籍する特別な教育的支援を必要とする児童生徒に関する調査結果について. https://www.mext.go.jp/content/20221208-mext-tokubetu01-000026255_01.pdf（アクセス日2023年3月30日）

涌井恵. (2006). 発達障害児の仲間同士の相互交渉促進に関する研究：社会的スキル訓練における集団随伴性の有効性. 風間書房.

涌井恵. (2013). 学習障害等のある子どもを含むグループにおける協同学習に関する研究動向と今後の課題:通常の学級における研究・実践を中心に. 特殊教育学研究. 51 (4), 381-390.

涌井恵. (2016). 通常の学級における特別支援教育実践：ユニバーサルデザインな学級づく

り，授業づくり，自分づくり．発達障害研究．38 (1)，381-390.

涌井恵．（2017）．子どもたちの多様性に応じた通常の学級におけるアクティブ・ラーニング．
授業UD研究．3．東洋館出版社．

第2章

アクティブ・ラーニングの基本知識
—— 協同学習の視点から

関田一彦

1 アクティブ・ラーニングの捉え方

　「アクティブ・ラーニング」という言葉が日本の教育界で注目され始めた当初，それは大学教育改革のキーワードの一つであった（2012年の中央教育審議会答申「新たな未来を築くための大学教育の質的転換に向けて〜生涯学び続け，主体的に考える力を育成する大学へ」に詳しい）。2006年に経済産業省が示した社会人基礎力，2008年に文部科学省が示した学士力なども含め，広い意味での人間力（大学教育ではそれを汎用的能力あるいはコンピテンシーと呼ぶことも多い）の育成にアクティブ・ラーニングは有効と考えられている。アクティブ・ラーニングは単に学力（認知的能力）向上を意図したものではなく，協調性や社会性など，社会でより善く生きる上で必要な能力・態度（非認知的能力）の向上・涵養を合わせて目指すものでなければならない。

　授業に即して言い換えると，アクティブ・ラーニングが正しく位置づく授業では，学習目標（認知領域の達成目標）の達成を目指すとともに，コミュニケーション力やグループ活用力など非認知的能力の育成（これを便宜的に態度目標と呼ぶ）をも目標とする。広げて言えば，学習指導と生徒指導の両輪が一つの授業の中で確かに回っている状態で生徒たちが学び合っている姿を，アクティブ・ラーニングの具現化と捉えたい（関田・渡辺，2016）。

　今次の指導要領策定に向けた教育課程企画特別部会の論点整理（2015）では，初等・中等教育の現場を念頭に「習得・活用・探求という学習プロセスの中で，問題発見・解決を念頭に置いた学び」「他者との協働や外界との相互作用を通じて，自らの考えを広げ深める，対話的な学び」「子どもたちが見通しを持って粘り強く取り組み，自らの学習活動を振り返って次につなげる，主体的な学び」

を促進するのが「アクティブ・ラーニング」であり，活動性（外見のアクティブさ）にばかり注目しないように注意喚起がなされた。「〇〇な学び」が並ぶと学習面が強調されているように見えるが，これからの時代に「生きる力」を育てる上で，態度目標の達成を意識した授業づくりが改めて求められている。

2 アクティブ・ラーニングと協同学習

学習指導と生徒指導，この二つを一つの授業の中で行うという課題を追求してきた学習指導法に協同学習がある（杉江，2011）。ここでは，協同学習に馴染みのない読者に向けて，アクティブ・ラーニングと協同学習の関係について簡単に解説しておく。

(1) 協同学習の定義

協同学習の理論では，共通のゴール（課題に対する理解・学習者としての成長）に向かって教え合い，学び合う互恵性・肯定的相互依存性（Positive Interdependence）を協同学習の第一の成立要因と考える。そして，そのゴールに向けた相互の貢献（努力）を意識し，確認し合うための責任の明確化（Individual Accountability）を第二の成立要因として重視する。この二つの要因を考慮して，社会的促進を生む相互交流（Promotive Interaction）が生徒間に発現するような授業の工夫が，様々な協同学習の技法として定式化されている（例えば，Jacobs, Power & Inn, 2002; ケーガン，2021）。

上記2つを基本要件とすることは共通しているものの，協同学習の理論家の間には捉え方になお異同があり，その定義は一様ではない。そこで日本協同教育学会では，いくつかの定義を整理・統合して，以下の4条件を満たすグループ学習を協同学習としている。

- 互恵的な協力関係が成立している
- グループの目標と個人の責任が明確である
- 生産的相互交流が促進されている
- 「協同」の体験的理解が促進されている

（2）日本の協同学習

　もともと日本はアメリカと異なり，学校行事や生活指導など，学校を生活の場とする特別活動が重視され，しかもそれは担任教師を中心になされてきた。学習指導は学級づくり（つまり，クラスという集団を前提とした授業方法）を前提に行われ，日本の学級経営は学級王国と呼ばれるほど強い凝集性を生んできた。こうした学校文化の下で発展した日本の協同学習は，学習目標（認知領域）と態度目標（非認知的・社会的領域）の同時学習を指向した学習指導法として実践を重ねてきた（杉江，2004）。協同学習は知識・理解の定着と共に，協働性・社会性を育む教育方法として現場に根付いており，これは，態度形成まで学習成果の範疇とする「アクティブ・ラーニング」が目指すところと大きく重なる。

　学級づくりを含め生徒指導に協同学習が有効なことは，多くの先生方が実感しているところである（たとえば，関田・渡辺，2016）。日本の伝統的な協同学習であるバズ学習では，朝の会，帰りの会のバズセッションを常態化し，学級経営や学年経営に成果を上げてきた（杉江，2019）。生徒たちが安心して自分たちの学習について語り合える時間の確保は，最近注目されているクラス会議にも通底するものがある（たとえば，赤坂，2014）。同様に，協同的な学習集団作りを目指す個集研では支持的風土づくりを重視し，一人一役の班活動を奨励し，学習集団を育ててきた（高旗，2019）。こうした先達たちは，協同学習が学力向上だけでなく，クラスにおける対人関係の改善に資すると実感していた。そして同時に，クラスの人間関係が向上すると，学習活動の成果も高まることを知っていた。当たり前ではあるが，学校生活全体を通じて私たちは生徒たちを教育している。この視点に立って，生徒指導と学習指導の一体化を具体化するアプローチとして協同学習を位置づけておきたい（関田，2022）。

（3）まとめ

　アクティブ・ラーニングという言葉が，「主体的で対話的な深い学び」に置き換わり，学習の質に注意が集まるが，人間的成長を抜きに学習を論じる時代ではない（例えば，ファデル・ビアリック＆トリリング，2016）。教科内容の理解・定着が教科教育の最終目的ではない。教科内容を指導する過程で，学び手

の知的成長を促し，生きる力として結実しない教科教育では不十分である。その意味で，人間的成長を願う生徒指導と教科指導は一体である。遅刻や怠学，いじめや不登校といった学校生活上の問題に対する直接的な指導だけが生徒指導ではない。むしろ，学校のあらゆる場面に導入が可能な生徒間の協同を生徒指導のベースとして考えてほしい。

3 アクティブ・ラーニングの基本事項

（1）アウトプットを重視

　アクティブ・ラーニングでは，インプット（知識の受容）に対するアウトプット（知識の活用）が重視される。取り入れた情報を関連づけ，学んだことを使って問題を解き，新たな成果物を創るアウトプット作業が想定されるから，知識の受容は促進されるのである。溝上（2014）は「能動的な学習には，書く・話す・発表するなどの活動への関与と，そこで生じる認知プロセスの外化を伴う」として「外化」を強調している。つまりアウトプットのさせ方，あるいはアウトプットする機会の与え方がアクティブ・ラーニング実践の焦点といえるだろう。

（2）相互交流（協働）を通じたアウトプット

　個人で黙々と課題に取り組む学習だけでは，時代が求めるアクティブ・ラーニングとはならない。アクティブ・ラーニングは，他者との協調／協働を前提とするものである。

　一方で，個々人が自らの学習上の責任を果たすことなしに，生産的な協働は続かない。そこで重要なのが他者との交流に先立つ個人思考・個人学習である。まずは自分の言葉で語れる何かを持たせて，話し合い活動に参加させたい。正誤・深浅はわきに置き，自分で考えたことをお互いに伝え合う営みは，他人事でない，自分事としての学びの入り口である。

（3）級友同士の成果点検

　アクティブ・ラーニングで案外見落とされがちなのが，学習の成果点検であ

る。取り組みの成果点検がないと，生徒にとって手応えを感じにくいし，手抜きやただ乗りも増える。点検は取り組みの直後が効果的であり，最後に定期試験で測ればよいというものではない。ただし，点検といっても評定ではなく，形成的アセスメントが望ましい。

　評定としての点検からは能動的な学習は起こりにくい。教師が小テストを頻繁に行い，その良否で成績を決めるような取り組みは，渋々課題をこなす「させられ感」を強めるリスクをはらむ。そこで，級友同士の成果点検が重要になる。そこには，級友の前で不甲斐ない自分を見せたくないという気持ちも働くであろうが，それ以上に，自分の成果を認めてもらいたい，自分の考えを聴いてもらいたい，一緒に考えを深めたい，といった肯定的な気持ちの高まりがある。生徒同士の課題に関する真剣な話し合いは良質なアクティブ・ラーニングの要件である。一般に社会的促進と呼ばれるグループダイナミクスが，新たな課題に取り組む意欲の源泉になっていく。

（4）グループ学習の弱点に備える

　一般的なアクティブ・ラーニングでは，グループを単位とした学習活動が様々に組み込まれている。そのため，グループ学習させることがアクティブ・ラーニングの実践なのだ，といった浅い理解に留まってしまうのでは困る。グループを使う以上，その良さや強みを生かし，弱みや課題（懸念）を抑える工夫が重要になる。

　ジョンソンら（Johnson, et al ., 2002）は，グループ活動がうまくいかない要因を９つ挙げている（表2-1）。グループの大きさや構成員の多様性など，活動開始段階である程度コントロールできるものもあれば，構成員のレディネスやスキルなど，ある程度時間をかけないと対応が難しいものもある。集団浅慮や社会的手抜きを招く，あるいは批判精神の欠如を許してしまうような課題設定の問題も大きい。

　なかでも「ただ乗り（Free Rider）」問題はグループ活動につきものといえる。ただ乗りする方，される方，双方にとって非生産的であるこの問題に対し，協同学習は大きく２つのアプローチをとっている。一つが，ケーガンのストラクチャ方式に典型的にみられる作業分担方略であり（ケーガン，2021），もう一つ

表2-1　グループ活動の効果を阻む潜在的な障壁（要因）

1. グループの成熟度が低い
2. 批判精神に欠ける（表面的で無難な交流に留まる）
3. 社会的手抜き
4. ただ乗り
5. （「ただ乗り」などに対する）不公平感の高まり
6. 集団浅慮
7. 多様性の欠如
8. チームワーク技能の不足
9. 不適切なグループサイズ

（ジョンソンら（2010）をもとに作成）

が，ジョンソンを代表とする改善手続き（Processing）方略である。

　作業分担方式では，学習者は一連の活動における不可欠な"パーツ"として振る舞うことが期待される。交互に，順番に，指定された行動（説明・発表・質問など）が要求される中で，「ただ乗り」の発生は抑えられる。バケツリレーの最中に，バケツの受け渡しをさぼる人はいないだろう。

　改善手続きでは，自分たちの活動を振返り，改善すべき点を確認し，メンバーの総意として改善を重ねていく。これにより，「ただ乗り」の発生は徐々に制御されていく。ジョンソンたちの協同学習では，改善手続きと合わせて社会的スキルの育成も組み込むことで，実効性を高めている。

　このように，協同学習と呼ばれる学習指導法では，素朴なグループ学習に比べてはるかに計画され，構造化された学習活動が意図されている。実践者がどのようなアプローチをとろうとも，グループ学習を通して学びが実質的に深まる，あるいは広がる配慮をすることは重要であり，アクティブ・ラーニングの実践においても参考にするべきであろう。

4 協同学習と協働的な学び

　日本語には様々な同音異義語がある。共同と協同，そして協働もその一つであるが，発音だけでなく，意味も似ているので，使い分けに注意が要る。特に近年現場でよく訊かれるのは，言葉の意味ではなく協同学習（cooperative learning）と協働学習（collaborative learning）の違いについてである。（筆者は同音による混同を避けるため，協同学習に対して協働学習ではなく協調学習を積極的に使うが，本章では「協働的な学び」との関係から協働学習とする）。

　多くの協同学習は，集団の生産性や人間関係の向上を促進するグループダイナミクス研究を基礎に開発・発展してきた。一方，協働学習は，社会的構成主義を背景に持つ学習理論に基づいて研究・開発されてきた。協働学習の研究によって，認知的側面を中心とした学びのプロセスや学習者間の認知レベルの相互作用が明らかになる。それは協同学習の学習成果向上に有益な知見であり，その意味で，協働学習と協同学習は競合・対立するものではない（関田，2017）。

　従来から文科省は「協同」より「協働」を積極的に使用してきているため，教育現場では協働学習の方がポピュラーかもしれない。今般，初等・中等教育の現場では新学習指導要領に基づき，「主体的・対話的で深い学び」というキーワードに即した実践が進んでいる。その中でも対話的な学びは他者との協働的な学びの中で生じるとされる。加えて「令和の日本型学校教育」として個別最適な学びと協働的な学びの実現が要請されている（中央教育審議会，2021）。しかしながら答申をよく読むと，「これまでも「日本型学校教育」において重視されてきた，「協働的な学び」の充実が求められている。ここでいうこれまでの日本型学校教育とは，授業だけでなく学校生活全体で児童・生徒を育てる教育である。前述のように協同学習は学習指導と生徒指導を一体としたアプローチであり，これまでの日本の学校教育の中で育まれてきたものである。筆者は協同学習を「協働的な学び」の典型例とみることができると考えている。

　他者と協働して学ぶためには，自他ともの学習にコミットすることが求められる。自身の学習が相手の学びを深め，相手の学習が自分の学びを広げてくれるという互恵性，そして共通のゴールに向けて課題に取り組んでいるという緊張感と責任感，協同学習には他者との協働を確かにする働きが組み込まれてい

る。このように協働を支える文脈を協同学習は提供するのである。

5 まとめに代えて —— 協同学習の学校教育的意義

学校教育法第二一条には，義務教育として行われる普通教育が達成すべき目標が10挙げられている。その一番初めに，次のようにある。

一　学校内外における社会的活動を促進し，自主，自律及び協同の精神，規範意識，公正な判断力並びに公共の精神に基づき主体的に社会の形成に参画し，その発展に寄与する態度を養うこと。

協同の精神を育むことは，義務教育における最重要な学習目標の一つである。社会的動物である人間は，生存の危機を回避し，生命の安全・安心を求める本能の充足に向けて群れを作り，共同生活する生存戦略を選んだ。そして，共同生活の質を高め，確かなものするために集団規範を形成してきた。協力してよりよい社会を創るためには，協働や協調の技能が必要だが，それを活用する主体には協同の精神が脈打つことが望まれる。

知識の習得・活用は学校教育の大きな役割ではある。ただしかし，その成果を測る指標が単一化すると，その指標に乗りにくい者は排除されてくる。テストができる子が良い子なら，どうしたらテストで良い点が取れるようになるのか。効果的な方法（教え方，学び方）こそが価値がある。そんな思い込みが学校を覆っている。

互いの強みを活かし，弱みを補いあって，みんなで豊かな人生を歩む生き方を志向してほしい。その願いを授業の中で具体化する試みとして，協同学習を捉えることを協同教育学会は主張している。

【引用・参考文献】────

赤坂真二 (2014) 赤坂版「クラス会議」完全マニュアル 人とつながって生きる子どもを育てる．本の森出版．

中央教育審議会 (2012)．新たな未来を築くための大学教育の質的転換に向けて ―生涯学び続け，主体的に考える力を育成する大学へ（答申）．http://www.mext.go.jp/b_menu/

shingi/chukyo/chukyo0/toushin/1325047.htm

中央教育審議会 (2021)「令和の日本型学校教育」の構築を目指して 〜全ての子供たちの可能性を引き出す，個別最適な学びと，協働的な学びの実現〜（答申）https://www.mext.go.jp/content/20210126-mxt_syoto02-000012321_2-4.pdf

ファデル，C.，ビアリック，M. & トリリング，B. (2016) 21世紀の学習者と教育の4つの次元. 北大路書房.

ケーガン，S. (2021) ケーガン協同学習入門. 大学図書出版.

教育課程企画特別部会 (2015) 論点整理 https://www.mext.go.jp/component/b_menu/shingi/toushin/__icsFiles/afieldfile/2015/12/11/1361110.pdf

Jacobs, G. M., Power, M.A., & Inn, L. W. (2002). The Teacher's Sourcebook for Cooperative Learning: Practical Techniques, Basic Principles, and Frequently Asked Questions. Corwin Press, Inc., CA. (関田一彦 (監訳)，伏野久美子・木村春美 (訳)．(2005)．先生のためのアイディアブック：協同学習の基本原則とテクニック．日本協同教育学会.)

Johnson, D. W., Johnson, R. T., & Holubec, E. J. (2002). Circles of learning: Cooperation in the classroom (5th ed.). Interaction Book Company, Edina, Minnesota. (石田裕久・梅原巳代子 (訳)．(2010)．学習の輪 改訂新版：学び合いの協同教育入門．二瓶社.)

溝上慎一 (2014) アクティブラーニングと教授学習パラダイムの転換．東信堂.

杉江修治 (2004) 協同学習による授業改善．教育心理学年報，43，156-165.

杉江修治 (2011) 協同学習入門．ナカニシヤ出版.

杉江修治 (2019) バズ学習を源とする協同学習の理論的，実践的展開．日本協同教育学会 (編) 日本の協同学習．pp3-23．ナカニシヤ出版.

関田一彦，渡辺正雄 (編) (2016) アクティブラーニングを活かした生徒指導：協同学習の手法を取り入れた生徒指導のデザイン．学事出版.

関田一彦 (2017) アクティブラーニングとしての協同学習の研究．教育心理学年報．56，158-165.

関田一彦 (2022) 協同教育の中核としての協同学習：日本協同教育学会の協同学習ワークショップの特徴解説を中心に．創価大学教育学論集．74，159-169.

高旗浩志 (2019) 個集研と協同学習．日本協同教育学会 (編) 日本の協同学習．pp26-48．ナカニシヤ出版.

第 3 章

アクティブ・ラーニングによる学級経営
—— 子どもの社会性・仲間関係をはぐくむ

栗原慎二

1 アクティブ・ラーニングと協同学習

　アクティブ・ラーニングは特定の授業スタイルを指すわけではなく，「主体的・対話的で深い学び」（文部科学省，2017c，2017d）や「協働的な学び」（中央教育審議会，2021）を実現するための様々な学習方法の総称と考えてよい。たとえば，実験，体験学習，調査学習，プレゼンテーション，レポート作成，フィールドワークなどはそれにあたると考えられる。

　こうした手法を取り入れることで授業を活性化し，21世紀型のスキルや能力を育成しようということが，まずは高等教育の領域で論議されるようになった。ただ，その後，初等中等教育段階においてもその重要性が認識されるようになり，最終的には新学習指導要領（文部科学省，2017a，2017b）の重要な柱となった。一斉授業からのパラダイム転換は，高等教育段階だけではなく初等中等教育段階においても必要ということになったわけである。

　ところで上述のような学習方法は一人で行うこともできるが，グループでやることもできる。つまり，協同学習は，アクティブ・ラーニングをよりアクティブに変える手法ということであり，その意味で他のアクティブ・ラーニングの手法とは異なる次元の学習方法と考えられる。

　そこで本稿では，特に協同学習を取り上げて論を進めたい。

2 子どもの社会性・仲間関係の実態

　子どもの社会性は，基本的に仲間関係の中で形成される。したがって，学級における仲間関係の状態によって，児童生徒の社会性の形成は大きな影響を受

ける。学級崩壊のような状態が続いているならば，望ましい社会性の形成は困難であろうし，よい人間関係があれば，児童生徒のパーソナリティや社会性はよい影響を受ける。

では，望ましい人間関係とは，トラブルが発生しないことなのだろうか。

ある小学校３年生の学級で，簡単なアンケートをとった。そのなかで，「班で自分の考えを進んで友だちに伝えることができますか」という質問に「はい」と回答した児童は24名中８名で33％，「班でまちがいを気にせず，考えを伝えることができますか」という質問に「はい」と回答した児童は24名中６名で25％であった。

ここで考えたいことは，「間違いを気にして意見を伝えることができない」のであれば，その協同学習は，「主体的で対話的」とはいえないし，「深い学び」となることもないということである。このアンケートを実施した学級は，日常的にも協同学習や様々な取り組みを行っており，人間関係もよい学級である。その学級にあっても「言えない」のである。協同学習においては，思考をぶつけ合わせて新たな知の地平を開くことが望まれるわけだが，その前提として「間違いを気にせず，考えを伝えあう」ことのできるような信頼関係を築くことが重要になる。

3 特別支援教育と協同学習

特別支援教育とは，一人一人の教育的ニーズの違いを認め，その違いに応じた適切な指導や支援を行うことで，一人一人の成長を保証していく教育をすることだといってよいだろう。ここで考える必要があるのは，「それは，一斉授業で可能なのか」ということである。

答えはNoであると断言してよい。一斉授業は児童生徒の均質性を前提とした時代錯誤の授業であり，プロクルステスのベッドのようなもので，過去の遺物であり，少なくともこのスタイルが授業の基本スタイルであってはならない，と私は考えている。

また，見逃されがちなことだが，発達障害の児童生徒を教育することと同様に，あるいはそれ以上に，そうした児童生徒を当たり前のように受け入れる児

童生徒を育てることが重要だと私は考えている。それがインクルージョン社会を実現するからである。

　そのためには，障害の有無にかかわらず，集団を構成する一人ひとりがともにさまざまな活動のなかで，喜び・悲しみ・驚き・達成感といった感情を共有することが学齢期の原体験として重要である。こうした体験につながる授業は，どうあるべきなのか。この問いに対する模範解答があるわけではないが，協同学習などはそのひとつの回答例と言ってよいだろう。

4　主体的・対話的で深い学びとは

　「高い学習意欲」がなければ「主体的な学び」は成立しない。学習意欲は内発的動機づけと高い関係があるが，特定の教科について内発的動機づけで動く児童生徒は2〜3割だろう。そうなると，内発的動機づけだけに頼る訳にはいかない。そこに学習意欲を刺激する何らかの仕掛けが必要になる。

　この点について市川（2001）は，学習動機の二要因モデルを提案し，学習動機を，充実志向・訓練志向・実用志向・関係志向・自尊志向・報酬志向の6つに整理している。内発的動機づけにほぼ相当する充実志向だけが学習動機というわけではないというである。言い換えれば学習意欲とは内発的動機づけと外発的動機づけが複合したものと考えられるということである。また桜井（2012）は，子どもにとって自分をサポートしてくれる友達や教師がそばにいるような「安心して学べる環境」が重要としており，これは6つの学習動機の中で関係志向の重要性を示唆している。こういう視点から考えると，学級内で良好な仲間関係ができているならば，協同学習は主体的な学びを引き出すのに好都合な学習スタイルであり，とりわけ学習上の特別な支援ニーズをかかえる児童生徒にはとりわけそれが当てはまると考えられる。

　次に対話的ということであるが，これについては協同学習こそが最も対話的な学習スタイルであることは言うまでもないだろう。

　最後に深い学びについてであるが，「ブルームのタキソノミー」の改訂版（Anderson & Krathwohl, 2001）では，記憶・理解・応用・分析・評価・創造という6つの評価次元を設定している。私は，このなかの，分析・評価・創

造を要求する課題を提示することが深い学びにつながると考えている。そうした問題を課した場合，児童生徒集団はその問題を「分析」し，問題解決の方策を「創造」し，その進捗状況を「評価」する必要があり，そのプロセスでは「記憶」「理解」「応用」も最大限に活用が図られるからである。こうした問題に協同で挑戦していくことで取り組むことで学びは深まっていく。

5 私たちの考える協同学習

　私たちの考える協同学習は，Johnson, Johnson, & Holubec (1993) の提唱する協同学習をベースに，良質の人間関係の重要性を強調したものであり，良質の人間関係に支えられて多面的な交流をしながら，解決困難な問題に集団で取り組んでいくプロセスということができる。それは，特別な教育的ニーズをもつ児童生徒にとっても安心で学びやすい学習スタイルだと考えている。

　では多面的な交流とは何を指すか。最終的には「思考」を交流させることが重要であるが，集団の成員には集団からの同調圧力がかかる。たとえば冒頭であげた例では，「班で自分の考えを進んで友だちに伝えることができる」と回答した児童が33％，「班でまちがいを気にせず，考えを伝えることができる」と回答した児童は25％であったが，この数字は，協同学習の中に躊躇なく入っていって活発な論議をし，その恩恵を受けるのはわずか2〜3割で，協同をしかければ協同学習が成り立つわけではないことを示唆している。

　では，同調圧力にもかかわらず「思考の交流」ができるようにするにはどうしたらよいのか。

　この「思考の交流」を生み出すための仕掛けの代表的なものが，「役割」といってよいであろう。Johnson, Johnson, & Holubec (1993) は協同学習が成立するための5つの要件をあげていて，その中に個人の責任を明確にすることや，互恵的な関係があることがあげられているが，これら二つの要件は，グループの成員の一人一人が「役割」を担うことである程度満たすことが可能になる。これを私たちは「役割の交流」と呼んでいる。

　ただ，先ほどの学級の場合，「役割」を決めても33％や25％という数字だったわけで，「役割の交流」という仕掛けだけで十分な「思考の交流」が生まれると

は言い切れない。

　そこで私たちが重要だと考えているのが，「感情の交流」である。たとえば分裂や敵対関係が存在する学級で協同学習が行ったとしても，活発な思考の交流は生まれないだろうし，むしろ沈黙と学びとは無関係のおしゃべりが支配することになるだろう。集団の中に受け入れられているという被受容感，さらに言えばわからないことをわからないと表出しても受け止めてもらえるという安心感と安全感，仲間への信頼感があるからこそ，そして持てる力を使って仲間に貢献しようという思いがあるからこそ，活発な相互作用が生まれると考えられる。こうした情緒的な関係性を，私たちは「感情の交流」と呼んでいる。とりわけ特別支援ニーズのある児童生徒にとっては，安心感と安全感が保証されることが極めて重要だと考える。

6 協同学習と学級経営の関係

（1）被受容感と相互作用の順序性

　ところで，仲間に受け入れられているという被受容感と，役割の交流や思考の交流といった相互作用は，被受容感があるから相互作用が活発になり，相互作用が活発になるから被受容感が高まるという循環構造になっているのか，それともどちらかがベースになっているのだろうか。

　素朴に考えれば，被受容感が高ければ，安心して「わからない」と声を上げることが可能になるから相互作用は活性化するように思えるし，相互作用がなければ信頼関係も生まれないわけだから，これも間違いがないように思える。つまり，循環しているように思われる。

　ただ，私たちが行ってきた調査等によると，被受容感が相互作用に与える影響のほうが強いと考えられる。つまり，被受容感が高くなければ真の相互作用は起こりにくいということである。そうなると被受容感を高める仕掛けが重要になってくる。

（2）学級経営と協同学習

　協同学習のテクニックの中には，互恵的な関係性を強化する仕掛けが埋め込まれている。したがって協同学習さえ行っていれば，学級内に互恵的な関係性が生まれ，被受容感も高まり，学級経営もうまくいくと考える人たちもいる。確かに協同学習は全体的に見れば学級経営にプラスに作用するという点については，筆者も経験的に同意する。

　ただ，非受容感を高めるような取組は数多くある。学級経営の中でそうした取組を行っていくことが重要であり，それ基盤としてより有効な協同学習が可能になると考えられる。また，協同学習の中では思いやりや協力といったことが求められる場面が多くある。学級目標の中に，そうした価値的行動が位置付けられていれば，協同学習はよりスムーズに展開すると考えられる。私たちの取組では，そうした価値的行動を取り入れやすくするために積極的な行動介入と支援（Positive Behavior Intervention and Support, PBIS）（以下，PBISとする）という手法を取り入れている（栗原，2018）。詳述はしないが，思いやりや責任といった価値を具体的に行動化できるように児童生徒を教育していく手法である。

　協同学習は学級に互恵的関係性をもたらす有力な方法ではあるが，今日の児童生徒が抱える多様で深刻な問題に対して，協同学習が万能薬であるはずはない。PBISをはじめとした様々な手法を取り入れながら学級経営と協同学習を有機的に連動させることが重要である。

（3）ソーシャルスキルと協同学習

　協同学習場面では，話し合いが混乱状態や行き詰まり状態になったり，意見の対立や人間関係の対立などの問題が生じる。そういう状況を解決するスキルを学ぶことが協同学習を十分に機能させるための重要なポイントということになる。協同学習の5つの要件の一つにグループで学習するためのスキルの育成という要件があるのはそのためであろう。

　こうした問題状況の解決に寄与するスキルは生まれつき持っているスキルではなく，一般的には，親をはじめとした周囲の人たちに教えられたり，モデルとなるような行動を身近に見たりしながら学習によって獲得していく性質のも

のである。協同学習場面でも同様で，仲間から「こうしたらいいんじゃないか」と教えられたり，スキルの優れたメンバーの言動から学んだりするということである。5要件（Johnson, Johnson, & Holubec, 1993）の一つである「振り返り」のなかで気が付くこともあるだろう。詳述はできないが，振り返りはメタ認知を強化する強力な手法である。

ただ，特別な支援ニーズをもつ児童生徒の場合，こうした自然な場面でのスキルの学習が非常に苦手で，「グループに入らない」「入っても活動しない」「活動を壊す」といった状況になることが少なからずある。その結果，他のグループのメンバーがそういう児童生徒と活動することを嫌がり，協同学習が十分に機能しない事態が生じたりする。

こうした事態を緩和するためには，協同学習と並行してスキルトレーニングを取り入れることが有効である。特に対人関係のスキルだけではなく，対人関係の前提となる自他の情動の理解や情動の統制，情動の表出を重視する「社会性と情動の学習」(Social and Emotional Learning, SEL)（小泉・山田，2011）は有効性が高い。これを学級全体で行うことにより，当該児童生徒はもちろんだが，学級全体の他者理解能力や問題解決能力が向上し，特別な支援ニーズをもつ児童生徒の困難さや課題に対して共感的に接することができるようになる。その上で，支援ニーズの大きい児童生徒に対しては個別のSELを組み合わせていくとより効果的である。

協同学習にはスキル獲得のための仕掛けが埋め込まれているが，それだけですべての児童生徒のスキル獲得がうまくいくわけでもない。学級としてSELのような活動に取り組み，そうした活動と協同学習を有機的に連動させることで協同学習はより効果的に機能するようになる。

7 包括的生徒指導の中での協同学習の実践

私たちの目標は，協同学習を通じていい点数を取らせることではない。

子供たちは将来，企業や地域や家庭といった複数のコミュニティに所属するようになる。そのそれぞれのコミュニティに解決すべき課題がある。それがたとえ困難な課題であっても，自分の持てる力を発揮し，コミュニティの成員と

協力しながら，平和的・民主的に，粘り強く解決を模索する。そういう人間を育てることが，私たちの教育の目標である。

　では，そのためにはどうすればよいのか。それは，今，児童生徒たちが所属するコミュニティで，自分の持てる力を発揮し，コミュニティの成員と協力しながら，平和的・民主的に，粘り強く解決を模索するという体験を通じて培っていくしかないのではないか，ということである。

　将来，子どもたちは無理難題とも思える課題に直面するかもしれない。その時，無理難題に協同学習で取り組んだ経験はきっと役に立つということである。

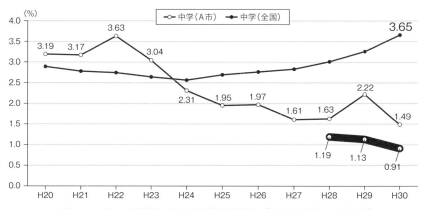

図3-1　A市の中学校における不登校出現率（不登校生徒／全生徒）

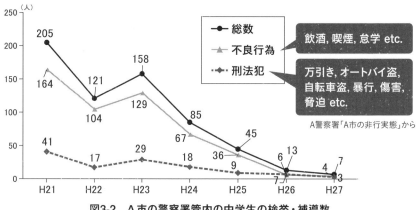

図3-2　A市の警察署管内の中学生の検挙・補導数

表3-1　A市の年度末時点での学年ごとの不登校児童生徒数

年度	小6		中1		中2		中3		総数
	児童数	出現率	生徒数	出現率	生徒数	出現率	生徒数	出現率	
H20	6	0.90	18	2.90	19	2.84	24	3.85	67
H21	3	0.47	18	2.80	25	4.06	*18*	2.71	64
H22	7	1.00	16	2.57	22	3.43	30	4.93	75
H23	1	0.16	12	1.78	19	3.04	28	4.37	60
H24	7	1.02	6	0.94	21	3.11	*18*	2.87	52
H25	4	0.58	14	2.10	*5*	0.77	22	3.22	45
H26	7	1.01	11	1.66	18	2.69	10	1.54	46
H27	0	0.00	7	1.05	15	2.28	*11*	1.61	33

(注：平成22年度より取組開始)

　こうした考え方に立って私たちは実践に取り組んでいる（栗原，2017）。その成果を図3-1と図3-2に示した。表3-1は各年度末時点での学年ごとの不登校児童生徒数を示したものである。2010（平成22）年度が取組を開始した年度であり，取組の進展に従って不登校が減少しているのが理解できる。ただ前年度の同一学年集団よりも不登校が減少したのは，わずかに4枠（表3-1の太字の数字の枠）しかない。こういう数字を見ると不登校等を減少させるのは至難の業で，予防的取組こそ重要ということがよくわかる。協同学習はそうした予防的・能力開発的な手法でもある。

　先にも述べたように，協同学習だけで仲間関係や社会性が育まれるわけではなく他の技法と有機的に連動さえることが重要と考える。ただ，協同学習は，困難な課題に協同して取り組んでいく過程を通じて，児童生徒たちの対人関係スキルや課題解決力，そして何より「共に生きるという姿勢」を育んでいくことにつながる優れたアプローチと考えている。

【引用・参考文献】

Anderson, L.W. & Krathwohl, D. R. (eds.) (2001) *A Taxonomy for Learning, Teaching, and Assessing: A Revision of Bloom's Taxonomy of Educational objectives.* Addison Wesley Longman.
中央教育審議会．(2021)．「令和の日本型学校教育」の構築を目指して～全ての子供たちの可能性を引き出す，個別最適な学びと，協働的な学びの実現～（答申）.
市川伸一（2001）学ぶ意欲の心理学．PHP新書.

Johnson, D. W., Johnson, R. T., Holubec, E.J. (1993) Circlr of learning: Cooperation in the classroom (4th ed.). Interaction Book Company.

栗原慎二（編著）（2017）マルチレベルアプローチ 誰もが行きたくなる学校づくり：日本版包括的生徒指導の理論と実践．ほんの森出版．

栗原慎二（2018）PBIS実践マニュアル＆実践集．ほんの森出版．

小泉令三・山田洋平（2011）社会性と情動の学習（SEL-8S）の導入と実践．ミネルヴァ書房．

文部科学省．（2017a）．小学校学習指導要領（平成29年告示）．

文部科学省．（2017b）．中学校学習指導要領（平成29年告示）．

文部科学省．（2017c）．小学校学習指導要領（平成29年告示）解説総則編．

文部科学省．（2017d）．中学校学習指導要領（平成29年告示）解説総則編．

桜井茂（2012）幼児期および児童期における学習意欲の形成：親の関わりを中心に．日本教材文化研究財団研究紀要．41, 60-64.

第4章

自己調整学習とアクティブ・ラーニング

伊藤崇達

1 アクティブ・ラーニングの実現と自己調整学習

(1) すべての子どもたちの学びの主体性

　現在，日本の学校教育では，「主体的・対話的で深い学び」の実現がめざされている。中央教育審議会 (2016) の答申において示されたように，「学校教育における質の高い学びを実現し，学習内容を深く理解し，資質・能力を身に付け，生涯にわたって能動的（アクティブ）に学び続けるようにすること」が教育実践において強く求められている。また，2021年に出された中央教育審議会の答申では，「ICTをはじめ新たなツールを活用しつつ，自ら学習を調整しながら学びを進めていく中で，『個別最適な学び』のあるべき姿を追求していく必要があること」が強調されている。

　この理念の実現にあたっては，「自己調整学習」に関する研究知見が示唆に富む理論的な枠組みを提供している。子どもたちの「主体的な学び」のあり方に関して，教育心理学においては，長らく「自己調整学習 (self-regulated learning)」として，実証的かつ実践的な研究が盛んに進められてきた。「自己調整学習」とは，Zimmerman & Schunk (2011) の定義に基づけば，「学習者が自らの学びの目標の達成に向けて，自らの認知，感情，動機づけ，行動を活性化させたり維持したりする一連のプロセスのこと」をいう。

　これからの日本の未来を担う子どもたちに身につけてほしい資質・能力として，自らを律しつつ，強い意思のもと，自分なりの学び方で学び続ける力，すなわち，自らの学びを自己調整できる力がますます重視されるようになってきている。理念としてのアクティブ・ラーニング，心理学理論である自己調整学

習のいずれにおいても，子どもたち自身が主人公となって，自らの学びを舵取りしていく，そうした学びの主体性を理想のあり方とするものである。そして，このことは，いうまでもなく，すべての子どもたちがめざすべき理想のすがたでもあるということをはじめに強調しておきたい。

（2）自己調整学習を支えているもの

自己調整学習に関する研究は，読み書き，算数・数学，理科，社会，外国語学習，音楽，体育などのほとんどの教科内容領域において取り組まれてきており，また，学習習慣，動機づけ・感情の調整，学習適応の問題，ICT による学習，教室内での学習，家庭学習をはじめとする教室外での学習など，その他の多様な学習の文脈や，学習上の機能・特性に着目した膨大な研究がこれまでになされてきた (cf. Zimmerman & Schunk, 2011)。

自己調整学習は容易に実現できるものではなく，多数の要因が複雑な形で絡み合うことで成立するものであるが，とりわけ，重要な心理的な要件とされているものが3つある。1つ目は，「メタ認知」である。「メタ認知」とは，「自らの思考についての思考，自らの認知についての認知のこと」(Flavell, 1979) である。自分のことを一段高いところから見つめることができ，そして，よりよい思考や認知のあり方をめざして自らを方向づけていくことができる力がメタ認知能力に相当する。メタ認知研究では，「メタ認知的モニタリング」と「メタ認知的コントロール」の2つの側面に大別して捉えられるのが一般的である。「モニタリング」とは，たとえるなら，学習している私がおり，それをもう一人の自分がモニターし，チェックしているような，そうした側面のことをさしている。誤りに気づく，成功や失敗について自己評価をする，などがこの機能の具体例である。一方の「コントロール」とは，学習している自分を，もう一人の自分がコントロールをして，よりよい方向に学びを導いていくような側面である。適切な学習方法を選択し，それを実行していくこと，必要に応じて修正や変更を加えること，これらの学習プロセスが具体例としてあげられる。子どもたちが「何を学んでいるか」について考慮しておくことも大切なことであるが，「どのように学んでいるか」について深く捉えておくことが，自ら学ぶ力を育成していくにあたり，重要になってくる。

　自己調整学習を支えている重要な心理的な要件の２つ目は「学習方略」である。深い学習を行うには，とにかく暗記したり，単純に反復したり，といった学習のやり方ではなく，例えば，新たに学ぶ内容を既に学んだ内容と結びつけて考えてみたり，ある事象を別の視点から捉え直してみたりする方法が有効であるだろう。教育心理学では，前者のような学習内容の単純な反復（「リハーサル」という）によって学ぶ方法のことを「浅い学習方略」と呼び，後者のような学習の方法を「深い学習方略」と呼んで区別をしている。主体的かつ深い学びを実現するには，単に「何を学んだか」ということだけでなく，「どのように学ぶことができたか」という「学習方略」のあり方がきわめて重要な学びの側面になってくるということである。

　さらに３つ目の心理的な要件としてあげられるのは，「動機づけ」である。自らの学びを自らの力で調整していくには，これを駆動するエネルギーないしエンジンにあたる心の働きが必要になる。「動機づけ」には，叱られる，褒められるなど，他人からの働きかけによってやる気になる「外発的動機づけ」と，学ぶことが面白く楽しいから学ぼうとする「内発的動機づけ」や，学ぶことに価値を認め，重要性を認識して学ぼうとする「同一化的動機づけ」などが存在する（たとえば，Ryan & Deci, 2017）。同じようにやる気がある状態であっても，自己調整学習が成立するにあたっては，「内発的動機づけ」や「同一化的動機づけ」などの「自律的動機づけ」によって自ら進んで学習に取り組んでいることが重要になる。また，動機づけ要因としては，とりわけ「わたしはできる！」という自己の能力についての確信，すなわち，「自己効力感 (self-efficacy)」が不可欠な側面となってくるものとされている（Zimmerman, 1989）。「自己効力感」とは，ある結果を生み出すために必要な行動をどの程度うまくできるかという個人の信念のことをさしている（Bandura, 1977）。

　学校の教室には，多様な個性のある子どもが集まっている。それぞれの子どもの「自らをみつめる力」（「メタ認知」），それぞれの子どもの自分なりの学び方（「学習方略」），そして，自分にはできる力がある，という強く揺ぎない信念（「自己効力感」），これらを支援し，育んでいくことが，自らの学びを自己調整できる主体的で自立的な学習者を育てていくことにつながっていくといえるだろう。

　自己調整学習は，複数の段階によって進められ，それらが時間の経過とともに，循環的・螺旋的なサイクルをなすことで成り立っている。図4-1に，そのサイクルを示しておく。

　自己調整の捉え方には様々な理論的な見地がある（cf. 伊藤，2009）が，Pintrich（2000）は，「予見」「モニタリング」「コントロール」「自己省察」からなる枠組みを提示している。

　図4-1に示しているように，まず，「予見（見通すステップ）」は，特定の学習活動に入っていく事前ないし初期において重要となる段階である。目標設定，プランニング（計画立案），自ら学ぶ意欲が喚起されているか，といったことが求められる。高い自己効力感や興味を抱いていることが，学びのサイクルを力強く前進させることになる。学びが深まっていくに従い，「うまく学べそう」という実感が形成されてくることで，さらに自ら学ぶサイクルは確かなものとなり，駆動し続けていくことになる。

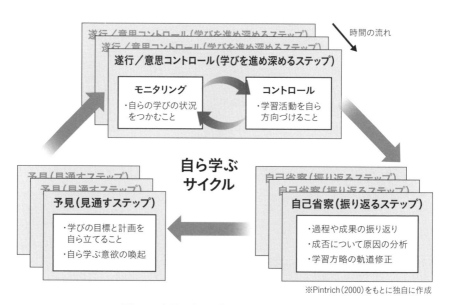

※Pintrich（2000）をもとに独自に作成

図4-1　自己調整の循環的・螺旋的サイクル

　次の「遂行／意思コントロール（学びを進め深めるステップ）」では，先に述べた「（メタ認知的）モニタリング」と「（メタ認知的）コントロール」が中心的な働きをすることになる。学習活動に自ら注意を向け続け，セルフ・モニタリング（自己点検）がなされ，自分なりの学び方，すなわち，学習方略によって学習が進められ，深まっていくこととなる。これらは，まさに学びのセルフ・コントロールが実行されていく段階にあたるといってよいだろう。

　さらに，「自己省察（振り返るステップ）」では，自らが学んできた過程やその成果について振り返りがなされる。成功したといえるのか，失敗したのか，その原因は何だったのかについて省察がなされる。今，取り組んでいる学習方略が望ましくないものだと見なされれば，これらの軌道修正がなされることとなる。振り返りのあり方は，次の学びに関する目標設定やプランニングに対して影響をもたらすことになる。「予見」のステップがどのようなものであるかによって，次の自ら学ぶサイクルのありようも相当に異なったものとなっていく。

　子どもたちには多様な学びのゴールがあり，それぞれの人生がめざす方向性についても様々である。その子なりの学びのゴールを支援しつつ，アクティブ・ラーニングの実現を図る必要がある。学ぶ主体の視点に立ち，一人ひとりの願いを中心にして，自己調整学習のサイクルは，循環的・螺旋的に成立しているということを考慮しておく必要がある。教室の中で，それぞれの子どもの自己調整のステップに対して，包括的，統合的なかたちでどのような支援が可能であるか，考えてゆく必要がある。

3　学びにおいてニーズのある子どもの自己調整学習

　近年，自己調整学習に関する研究は膨大なものとなってきており，海外においてその進展が著しい。ADHD，LD，動機づけの障害，不安障害，抑うつ，喘息など，様々なニーズのある子どもたちの自己調整学習に関する実証研究や介入研究が試みられてきており，実践に対して多くの示唆をもたらしてきている（Cleary，2015）。

　そうした研究の流れの中，Butler & Schnellert（2015）は，学習障害のある子どもや学習に困難のある子どもの自己調整学習に関して，これまでの研究の

概観を行い，いくつかの指摘を行っている。その大きなものの1つは，学習にうまく適応できていない状況において，こうした子どもたちは自己調整のサイクルを望ましいかたちで回せていない可能性があるというものである。Butler & Schnellert (2015) の議論をふまえて，筆者なりに図式化をし直したものを図4-2に示す。

学びにつまずきの見られる状況下で想定される環境としては，子どもがうまく学べていないために，学習指導としては，基礎的，基本的な学習内容や学習方略の習得が主となるであろう（図4-2の右側を参照）。そのため，取り組まれる課題としては，比較的シンプルで解決がしやすい課題内容となることが多いだろう。これは，個に応じた支援としては，とても大切で必要なことではある。しかしながら，その一方で，手応えのある課題に自分なりの方法で粘り強く取り組んでいく自己調整学習の機会を制約することになっていないかどうか，振り返ってみる必要があるだろう。子どもの主体性や自律性をサポートするとい

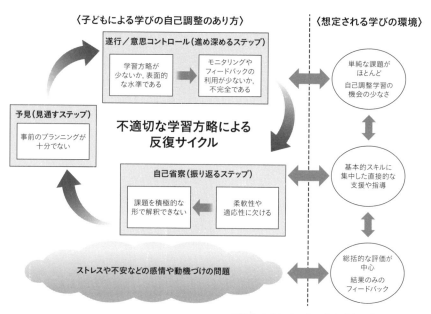

※Butler& Schnellert(2015), 伊藤(2016)をもとに作成

図4-2　学習に適応できてない状況下での学習障害のある子どもの学びのサイクルと環境

うよりは，教師による直接的で指示的な指導や支援の比重が大きなものとなっている可能性がありえる。その子の課題や不適応の状況を捉えることに，焦点が向きがちであるため，たとえ子どもの自信を育むことを意図するものであったとしても，総括的な評価，そして，結果のみのフィードバックに偏っている傾向が強くなっていないか，振り返ってみる必要がある。形成的な評価や過程のフィードバックは，「どのように学べばよいか」という学習方略を育てるものであり，自己調整学習を支援する上で極めて重要な実践となる。もしかすると，支援者や指導者が手厚いサポートの名のもとに，そのほとんどを肩代わりしてしまっているということがないか，今一度，考え直してみる必要があるかもしれない。子どもに学びのイニシアティブを委ね，さらに，それを進める力，すなわち，自己調整学習力を育むとなると，これは容易な実践ではないのは明らかなことである。しかしながら，子どもたちが主体的に学び続けることで，それぞれの人生を豊かで実り多いものとしていくために，支援者や教師は，高度な配慮と力量によってこれを実現していかなければならない。

　図4-2の左側の部分には，自己調整のサイクルが示されている。学ぶことにつまずいている子どもは，適切でないかたちで自己調整のサイクルを繰り返してしまっている可能性が考えられる。ここで注意すべきことは，学習に関して不適応の状況にある子どもは，何ら自己調整を行っていないのではないということである。そのサイクルの質に違いがあるのである。「予見」の段階において，事前のプランニングや目標設定が十分でない可能性がある。このことが学習の深さやその後の学習の方向性を規定していくことになる。そして，次の「遂行／意思コントロール」の段階では，学習方略のレパートリーが限られており，その内容も浅い水準のままである可能性があるだろう。「予見」段階の不十分さも関わって，学習のモニタリングが十分にはなされず，また，自らの取り組みに関するフィードバックの利用も不完全なものとなってしまう可能性が高いだろう。そのようなプロセスで学習が進んでいくことから，「自己省察」の段階に差しかかっても，柔軟性や適応性に欠け，学習をよりよいものにしていこうとする姿勢が見られにくくなるのではないだろうか。うまく学べたところについて，積極的な解釈を試みることで，自己効力感を高めていくようなこともあまりみられないかもしれない。これらは，ある種の悪循環となって，学習不適応の状

況からますます抜け出せなくなっていく可能性があり，十分な配慮を要する。

　以上，述べてきたように子どものこころのあり方と指導者や支援者をはじめとした環境のあり方とが複雑なかたちで相互作用することによって自己調整学習は成立する。その子どもなりの多様な学びのニーズと学び方によって，「できた」「わかった」という自己効力感を支えながら，「もっと学んでみたい」「さらにトライしてみたい」という動機づけに結びつけるサポートが求められる。こうした支援は，自らの学習を自らの力で自己調整する良循環のサイクルを促すことになる。多様な個性と背景のある子どもたちのそれぞれの自己実現の目標に寄り添いつつ，生涯にわたって自ら学び続ける力を育てていくことが，これからの学校教育現場においてますます求められている。

【引用・参考文献】

Bandura, A. (1977). Self-efficacy: Toward a unifying theory of behavioral change. *Psychological Review, 84*, 191-215.

Butler, D. L., & Schnellert, L. (2015) Success for students with learning disabilities: What does self-regulation have to do with it? In T. Cleary (Ed.), *Self-regulated learning interventions with at-risk youth: Enhancing adaptability, performance, and well-being* (pp. 89-111) Washington, DC: American Psychological Association.

中央教育審議会 (2021)「令和の日本型学校教育」の構築を目指して―全ての子供たちの可能性を引き出す，個別最適な学びと，協働的な学びの実現 (答申)

中央教育審議会 (2016) 幼稚園，小学校，中学校，高等学校及び特別支援学校の学習指導要領等の改善及び必要な方策等について (答申)

Cleary, T. (Ed.) (2015) *Self-regulated learning interventions with at-risk youth: Enhancing adaptability, performance, and well-being.* Washington, DC: American Psychological Association.

Flavell, J. H. (1979) Metacognition and cognitive monitoring: A new area of cognitive-developmental inquiry. *American Psychologist, 34*, 906-911.

伊藤崇達 (2009) 自己調整学習の成立過程―学習方略と動機づけの役割．北大路書房．

伊藤崇達 (2016) 自己調整学習とアクティブ・ラーニング―学習障害のある子どもたちへの支援．LD研究，*25*，414-422.

Pintrich, P. R. (2000) The role of goal orientation in self-regulated learning. In M. Boekaerts, P. R. Pintrich, & M. Zeidner (Eds.), *Handbook of self-regulation* (pp.451-502) San Diego: Academic Press.

Ryan, R. M., & Deci, E. L. (2017). *Self-determination theory: Basic psychological needs in motivation, development, and wellness.* New York: Guilford Press.

Zimmerman, B. J. (1989). A social cognitive view of self-regulated academic learning.

Journal of Educational Psychology, 81, 329-339.

Zimmerman, B. J., & Schunk, D. H. (Eds.) (2011) *Handbook of self-regulation of learning and performance*. New York: Routledge.（ジマーマン，B. J.・シャンク，D. H. 塚野州一・伊藤崇達（監訳）(2014) 自己調整学習ハンドブック．北大路書房.）

第5章

学校全体でアクティブ・ラーニングに取り組むために

原田浩司

1 はじめに

　アクティブ・ラーニングに関する情報が広まってくると，学校としてどのように取り入れたらよいのか迷っている学校が増えている。

　この章では，発達障害児を含め多様な子どもたちが在籍している通常の学級においてアクティブ・ラーニングを実践し，さらに学校全体で取り組むための諸条件について，具体的な事例を紹介しながら，どの学校でも実践できるような内容にしていこうと考えている。

2 アクティブ・ラーニングをうまく取り入れている学校

（1）A小学校の教室の風景

　授業開始前の6年生教室では，あちらこちらで子どもたちの賑やかな会話が弾んでいる。窓際に立っていた2人の女子，B子とC子の会話の一部を紹介しよう。「ねえ，きのうの宿題やってきた？　私，2問目の算数の問題がよく分からなくて，できなかったのよ」「ああ，あれね。ちょっと難しかったけど，何とか解けたよ」「ほんと！　さすが算数の天才はすごいね。悪いけど私にちょっと教えてよ」「オッケー！　私のノート貸すから参考にして」「ありがとう！　本当に助かるよ」。B子はC子のノートを参考にして何とか課題をクリアすることができた。こうして10分間の休み時間は，穏やかや雰囲気の中で過ぎていった。どの子どもたちの表情も明るく楽しそうである。実は，B子は低学年のころは何事にも自信がなく，自分の意見を言ったり発表したりすることが苦手なタイプ

であった。ところが３年前から学校で学び合いを積極的に取り入れたことがきっかけで，グループの友だちと自然に話し合うことができるようになってきた。特に，Ｃ子とは何でも相談できる間柄になっていたのである。

算数の授業が始まり，教師が静かに話し出すと，子どもたちが教師のことば一つ一つに集中していく。隣の子とおしゃべりを始めたＤ君に対して「大事なところだからよく聞こうね」と小さな声で注意を促すと，「すみません」と恥ずかしそうに言いながら視線を教師に戻した。この子はADHDの診断を受け服薬中である。ときどき，衝動的な言動があるが，教師はＤ君の特徴をよく理解していて適切な指導をしている。低学年の頃は離席をしたり多動で常に動き回ったりしていたが，家庭と医療機関との協力によって随分改善されてきている。今では，一度注意を促すと自分で調整できることが多くなった。

その後，教師が「きのうの宿題の確認を４人グループでしてごらん」と促すと，それぞれのグループではノートを見せ合いながら自然に話し合いが始まった。Ｃ子はＢ子のノートを参考にして理解できたので自分のグループで安心した様子で話し合いに参加している。教師は，クラス全体を見渡し，算数の苦手なＥ君の近くに行き，話し合いを見守っている。そして「Ｅ君，どうですか」と声をかけると「家では途中までしか分からなかったけど，みんなの話を聞いていて解決しました」と笑顔で答えた。教師は「そう，よかったね。誰の説明の仕方が分かりやすかったのかな。先生にもその説明を聞かせてください」と言いながら子どもたちの話し合いの輪の中に入っていった。

このエピソードは，アクティブ・ラーニングを考えていく上で大事なことを示唆している。一つは，予防的・開発的な生徒指導の視点であり，もう一つは，特別支援教育の視点である。

（２）予防的・開発的な生徒指導とアクティブ・ラーニング

アクティブ・ラーニングを学校全体で取り組むためには，どの子もオープンマインドになって相手の話を積極的に聴いたり，助け合ったりできる関係性を育てていくことが重要になってくる。そうした意味で予防・開発的な生徒指導の考え方を全教職員でよく理解しておくことが大切である。

実は，先程紹介したＡ小学校は，数年前まで学級崩壊のクラスがいくつもあっ

た，いわゆる教育困難校であった。その当時の子どもたちの様子は，いじめやけんか，他人攻撃，ルール違反が毎日のように繰り返され，教師の怒鳴りがあちこちで聞こえる学校であった。子どもたちの会話もどこかとげとげしく，表情が険しい子が多くいた。不登校の子も毎年増えていたのである。

このA小学校が，アクティブ・ラーニングを導入するにあたって，重要視したのが生徒指導の改善であった。荒れていた時のA小学校は，問題行動への対応としてルールを徹底させたり，強い指導を繰り返したりしていた。しかし，教師が厳しく指導をすればするほど問題行動は増えていったのである。そこで見直したのが，教師の問題行動に対する指導観であった。問題行動があってから子どもを叱りつける対処療法的な指導から，子どもたち一人ひとりのよさや特徴を理解し育てていく指導観へ，そして問題行動があれば初期段階で対応する支援体制など，自己有能観を高める予防・開発的な生徒指導への転換である。

こうした考え方を全教職員が理解し，全てのクラスで実践していくうちに，子どもたちの表情が明るくなり，安心して対話できる雰囲気が学校中に広まっていった。また，教師も穏やか口調で話すことができるようになった。そうした柔らかな関係性が子どもたちの間にも広まってくると，誰もが安心して学び合い，アクティブ・ラーニングがいつでもできる条件が整うのである。

(3) 特別支援教育とアクティブ・ラーニング

問題行動が多かった数年前のA小学校では，教師はトラブルの解決に翻弄され，その背景に何があるのかについての認識が欠如していた。例えば，発達障害に無理解な教師がADHD児に対して「また，おしゃべりしています。集中して聞いていなさい」と毎日何回も厳しく注意したり，算数障害の児童には「友だちの答えを見てはいけません。自分で考えなさい」と叱責していた。こうした指導を繰り返していると，課題のある子は自信と意欲を失い，成績も下降していくのは自明の理である。

しかし，スクールカウンセラーや発達障害に関する専門家の協力を得て，それぞれのケースを客観的に見直していくうちに，その背景に様々な課題があることに気付くようになった。例えば，外国籍の子は簡単な会話はできても，複雑な日本語でのコミュニケーションは困難であること，ADHDの子は，教師

の長い説明を最後まで聞くことが難しいこと，自閉症スペクトラムの子は，自分の話は得意になってするが友だちの話に関心を示すことが苦手であること，LDの子は，指導法を工夫しないと徐々に成績が落ち意欲的に学習しなくなることなど，多様なニーズに応じた支援策を考えられるようになっていった。また，学び合いが定着すると，子どもたちがお互いに助け合ったり高めあったりする関係が深まってくる。こうした学級集団が広がることで学校全体にアクティブ・ラーニングが定着しやすい環境が整っていく。

3 教師間の協力体制を整える

(1) 教師間の考え方のずれ

学校全体でアクティブ・ラーニングを取り組もうとするときに，課題となることの一つに教師間の考え方のずれがあり，なかなか教師集団がまとまらないことがある。どこの学校でも次のような教師がいるのではないだろうか。

> ・「私は今までの経験に自信があり自分なりの方法でやりたい。」
> ・「話し合いをやっていると授業が進まない。学力もつかないのではないか。」
> ・「学校全体で合わせなくてもいいのではないか。」

以上のような意見には一理あるが，様々な意見を尊重しすぎると，結局全校体制で取り組むことができずに，中途半端になってしまうことになる。教師それぞれの持ち味や能力，特性を活かしながらも，統一感のある取り組みができるようにするためには，どうしたらよいのだろうか。

(2) チーム支援会議システムとアクティブ・ラーニング

そこで提案したいのがチーム支援会議システムという考え方である。

チーム支援会議は，学年毎のケース会議を毎週放課後に行われる学年会の後半に位置づける。こうすることで，特別なニーズのある子どもへの対応を担任だけでなく学年のチームとして協議することが可能になる。子どものニーズに

応じて「主体的で」「対話的な」力を育てるために，ペアやグループ活動の有効な手立てについて具体的に話し合うのである。そうすると，若い先生方は，経験豊富やベテラン教師や特別支援教育の専門性の高い教師から直接助言を受けることができる。また，学級王国に陥りやすい学校体質から脱却し，チームで子どもを支援する体制が整備されていく。ときどき学年間でアクティブ・ラーニングを取り入れた授業を公開し合うことで，特別な支援を必要とする子どもの成長を確認し合うこともできるようになるのである。

　6学年チームを例にしてみよう。このチームには学級担任3人の他に，3名の教員が加わった。知的支援学級担任，算数TT支援員，養護教諭の3名である。それぞれに6年児童に関する情報をもっている。チーム支援会議は毎週金曜日の放課後に行う。具体的には次のような内容について話し合う。

●例1：配慮児についての情報の確認

　ADHDのD君の学校と家庭での様子，医療機関からの情報（服薬等）について担任が報告した。D君を1年生から見ている養護教諭は，衝動性が改善され怪我をしなくなったこと，保健委員会で活躍していることが報告され，対人関係スキルが改善されていることを全員で確認した。

●例2：チーム支援が必要なケースの検討の例

　算数障害のE君が授業内容の理解が難しいことを担任が報告した。それに対して算数支援員が，朝の自習でのICT機器活用と，E君用に工夫した宿題プリント作成を提案し，全員で協議した結果実行することになった。

●例3：学校課題「アクティブ・ラーニングの実践」の進捗状況

　学び合いの授業づくりを3年間実施していた結果，アクティブ・ラーニングで求められている「主体的」「対話的」な学びができるようになってきたことを全員で確認した。「深い」学びに近づけるような授業改善を進めていくこと，来月はアクティブ・ラーニングの授業を全員が公開し合い，検討していくことを確認した。

（3）教師の協働性とアクティブ・ラーニング

A小学校のチーム支援会議システムを取り入れたことで，教師間に次のような変容が見られた。

・学級内の様々な課題を担任一人で抱えなくても，チームでサポートし合う関係ができ，教師の仕事に自信と誇りもてるようになった。

・配慮児をチーム支援会議で継続的に検討するケースは，校内委員会議につながり，学校全体で継続性のある支援に結びついている。

・学校課題である「アクティブ・ラーニングの実践」を毎週話題にすることで，各クラスの進捗状況が確認されると同時に，うまくいっていない学級をみんなでサポートしようという協働性が育っていった。特に，経験の少ない教師や自信のない教師にとって，本音で語り合う場，弱音を出し合い自由に語れる場は大変貴重である。管理職はときどきチーム支援会議に顔を出して教師の本音や悩みを聞くことができ，学校運営に大変役立った。

---

4 研修意欲を高める

（1）学級を開き，全校で学び合う

学校全体でアクティブ・ラーニングを進めていくとき，全ての学級が同じ方向に向かって取り組むことが大変重要である。また，1年に1回はだれもが公開授業をすることが必要である。全ての学級を開き合い，子どもの学びの事実を語り合い，学校の教育の質を高め合う教員集団を創っていくためには，授業を公開することが求められる。

また，日本の公立学校は教員の異動が多く，数年で他の学校に異動してしまう傾向があるために，学校教育の質を継続しにくい特徴がある。多少教師の異動があっても，教師集団が学びの共同体として教育の質を保持しながら次の教師に伝えていく学校文化を創っていくことが重要である。学校全体でアクティ

ブ・ラーニングに取り組み，一部の教師だけに頼るシステムから，誰もが参画し協働し合うシステムを創っていくことが大切なのである。

（2）研修システムとアクティブ・ラーニング

学校には様々な校内研修が計画され総花的に展開されているが，学校の抱えるニーズに特化した内容に変えていく必要がある。特に，学校課題研修を重視して「教育の質の向上」を目指すべきであると考える。その際，アクティブ・ラーニングというキーワードは外すことはできない重要な視点である。

また，外部の専門家を年間数回は来てもらうことも大変有効である。学校は閉鎖的な環境になりがちであることを自覚し，外部から新鮮な意見と専門的な知見を受け入れる経営センスが求められているのである。

5 栃木県大田原市の取り組み：文科省の委託事業を契機に全市で取り組む

大田原市では，平成26・27年度「発達障害の可能性のある児童生徒に対する早期支援研究事業」に取り組み大きな成果を上げた。研究テーマは「MIMによる学習障害等の困難を抱える児童の早期発見，早期支援体制づくりとユニバーサルデザインの授業づくりの推進」である。この研究を土台として，アクティブ・ラーニングにつなげていった点で大田原市の取り組みは特筆に値する。

（1）ICT活用とアクティブ・ラーニング

大田原市では，一人ひとりにタブレット1台が配布されたことで，特別支援教育とアクティブ・ラーニングのあり方を見直すことにした。特に，言語表現やコミュニケーションに課題がある子どもたちに「主体的で」「対話的な」活動を促すために，タブレットの有効活用に取り組んでいる。

●例：対話的な授業に参加しやすいICTの有効活用

発達障害児は言語表現力やコミュニケーションに課題があり，感想や意見をペアやグループで言えないことがあり，主体的で対話的な活動が困難になりや

すい。そこで，タブレットに全員が自分の考えを記入している様子をリアルタイムでスクリーンに映し出すことが効果的である。自分一人だけだと文章化が難しくても，友だちの様々なコメントを参考にすることで全員が記述できるようになる。支援対象児は友だちのコメントを参考にしながら主体的に取り組もうとするのである。そうした自分の考えや意見をもつことで，対話的な学習がスムーズに行われるようになり，主体的で対話的で深い学びの環境が整っていく。

(2) 三次的支援システムとアクティブ・ラーニング

大田原市では，一次的支援である通常の学級におけるユニバーサルデザインの授業を重視しながら，必要に応じて二次・三次へと個に特化した支援を実施している。こうした実践をすることで，教師は子どもの多様性や主体性を尊重するようになった。また，協同的な学びを積極的に取り入れることで自然な対話が生まれてきた。現在も，子ども同士の人格的な成長を促すアクティブ・ラーニングの推進に向かって大田原市全体で取り組んでいる。

【引用・参考文献】

原田浩司 (2016) すべては子どもたちの学びのために：不登校，いじめ，勉強嫌いがなくなった学校. あめんどう.

第6章

「個別最適な学び」「協同的な学び」の肝は「価値のインストラクション」にある

石川　晋

1 授業における一人ひとりの学びやすさを考えたい

　「主体的・対話的で深い学び」（アクティブ・ラーニング）の実現は，実践レベルでの提案が求められる段階に入ったところで，コロナの大波を受けてしまった。学校を取り巻く状況は激変し，授業をめぐるトレンドはGIGAに移ってしまった。しかし，そうした中でも，一人一台タブレットが実現する中で求められる授業は「個別最適な学び」と「協同的な学び」のハイブリッドであることが示され（中央教育審議会，2021），授業づくりは新しい段階を迎えている。むしろ一層，一人ひとりの学びやすさを考えた活動中心の授業が待望される状況にある。では，そうした授業を具体的に進めるコツはなんだろう。課題設定の仕方やツール活用の方法，あるいは生活との関連付けや時間や場所・人数などのデザイン……いろんなことが思い浮かぶ。しかし，本当はそういうことではない，もっと根源的で重要なことがあると私は考えている。実際の授業での取り組みも交えながら，ディープに考えてみたいと思う。

　私はかつてペア・グループ学習の在り方を，研修仲間と丁寧に検討した。2000年代の半ばだ。その検討を積み重ねていく中で，ペア・グループ学習が多くの教室であまりうまく機能していない実態が見えてきた。例えば，ペア同士が無口で話が広がらない。4人グループで向かい合わせに座らされることがきついと訴えてくる子がいる。話し合いの手立てや課題が不明確で話が深まらない。自分の意見を積極的に表明せず周囲のすぐれた意見だけをただ取りする子がいる……。そこで，私たちはこうしたケースについて「ぼんやりとしたペア・グループ学習」と名付けた。そしてその改善ポイントを検討し，①学習者の学習状況を十分「リサーチ」すること／②見通しをもって楽しく学習できる「手立て」を

準備すること／③意欲的に取り組める「課題」を設定すること／④学習をコントロールする「枠組み」を用意すること／⑤繰り返し取り組める「システム」を作ること，の5点としてまとめた（石川・上條ら，2007）。

この5点は，教師主導で子どもたちの活動を掌握し機能させることに重きを置いていた。主に授業運用の仕方に焦点があてられていた。したがって子どもたちの学びやすさの観点からの分析は不十分であることを認めざるを得ない。

そもそも，当時想定していた授業は，いわゆるスクール型の授業形態だった。授業の一部を「学び合い」として子どもたちに限定的に渡し授業を活性化させようという試みだった。いわば授業の一部を達磨落としのように小槌で打ち出して，その部分にペア・グループ学習を入れ込む，そういう授業設計だ。

しかし，子どもは一人ひとり違う。認知の特性も学び方も違う。一人ひとりが自分のパフォーマンスを最大限に発揮し，深い学びを実現するためにはどうすればよいのか。個々の学びやすさに寄り添ってその潜在的な力を十分に発揮できるようにするにはどうすればよいのか。そうしたことが今問われている。

2 今教室で起こっていることから考えたい

以前勤務していた中学校のある学級で，生徒が授業中に机の下でゲーム機でこっそり遊ぶという事案が発生した。

この問題を，個々の教師がどのようなレベルで，どのように理解しているかを考えていくと，いろんなことが見えてきた。その生徒をどのように指導するかというところにフォーカスする教師。そのような行為の妥当性について生徒同士で議論させたいという教師。他にもしている生徒はいないかを徹底的に調べようという教師。しかし，残念ながら，授業そのものがどうだったのかということをきちんと議論しようという提案や意見は起こらない……。

今ならタブレット利用を巡り，日本中で起こっている事案だろう。しかし，そうした際に，授業そのものの改善を議論の中心に置く教師は，私の経験ではまだ少数だ。中学校は教科担任制だから，そこを議論することで，特定の教科の先生の立場を危うくしたり，技量の程度が露わになったりする。それを避けようという暗黙の約束が働いているようにも思う。

さて，私は当然授業改善の必要を職員間の話し合いの場で指摘した。ゲーム機で遊ぶ生徒はわかりやすいシグナルを送っているだけで，既に学びの現場を去ってしまっている子どもたちがほかにもたくさんいるはずだ，と。私もその学級の国語を担当していた。私自身の授業改善を迫られていると，猛省した。その学級では，私は一斉講義型の授業をベースとして，授業をいくつかの学習内容のユニットにして行っていた。小さな協同的な学習も組み入れていた。しかし，授業を時間規模の小さめなユニットに分割しても，先に課題が終わってしまった生徒が手持無沙汰になってしまうということは普通に起こる。私の授業では，実際にそうした生徒の幾人かが，漢字検定のテキストを出してそれを解きながら，他の生徒ができるのを待っている，そういうことが起こっていた。また，協同的な学習のユニットになると，明らかに適当に関わろうとする生徒もいた。ゲーム機で遊ぶ生徒は学習内容がわからず学ぶ意欲を失っている。一方で漢字検定のテキストを開く生徒は学習内容が自分の求める水準になっていないことに落胆し学ぶ意欲を失っている。いずれも学びから逃走してしまっているのであり，本質的な違いはない，私はそう考えた。

　一つの授業形態（ここで言えば，教師の話を聴き，一つの課題を全員で同じ場所同じペースで追究するスタイル）では，それに向く子は限られる。学習面の遅れが目立つ子が授業についていけないだけではない。しばしば優秀とみなされている子も漢字検定テキストに向かってしまうように学びが深まらなくてつまらないというシグナルを発信している。授業をユニットに細分しても，根本的な解決にはならない。対処療法的だ。教師が設定する単線型授業のレールに全員の生徒を載せ，個々の生徒の特性が目立たないようにしながら，ゴールまで引率するという点で従来の授業と大きな違いがあるわけでもない。

3 個別・協同・プロジェクト化の融合を目指す

　活動型の授業断片を一斉授業に埋め込んでいくような対処療法的な発想ではない，もっと柔軟で抜本的な変更こそが，今求められていると言える。では実際にはどんな形の授業として考えられるだろうか。それは，たとえば，掲示物を教室の前からはがして発達に課題のある生徒の気が散らないようにしましょ

うとか，授業の中に子どもの意欲を喚起する視覚的な教材を入れ込んで全員が先生の進める授業から注意をそらさないようにしましょうとか，そういうことではあるまい。特定の子どもを教師が想定し，その子たち「も」授業に参加できるという発想とは，似ているようで根本的に違っていると言える。

　藤井千春氏はアクティブ・ラーニングと授業UD（授業のユニバーサルデザイン）との関連性を議論する論考の中で，「子どもたちを形式的にそろえようと支配する教師，あるいは「正解」を覚えることを強要する教師には，アクティブ・ラーニングを実践することはできない」と述べている（藤井，2017）。また田村学氏は「一人ひとりの子どもの学習スタイルを意識すること」「学習者の処理様式に注目すること」の二つを，授業UDを実現するためのポイントとして挙げている（田村，2017）。

　アクティブ・ラーニングは，本来インクルーシブ教育とは違った文脈で登場してきたものと考えられる。だが，一人ひとりが自分の認知の特性や傾向にまなざしを向け，自分に合った学び方を身に付けることでそれぞれが学び深めることを前提としている点で，全ての子どもたちの学びやすさを志向し，より深い学びを実現できるインクルーシブな方法だ。それを藤井（2017），田村（2017）は指摘している。

　私は，熊本大学の苫野一徳氏の提案が示唆的であると考えている。すなわち「個別化・協同化・プロジェクト化の"融合"」（苫野，2014），である。

　2015年度，北海道上士幌町立上士幌中学校3年生教室で，私はプロ写真家小寺卓矢氏と教室の子どもたちとの協同で，大きな写真プロジェクトに取り組んだ。

　子どもたちは小寺氏の支援を受けながら，義務教育最後の一年間を写真集という形で表現する。国語科，道徳，学級活動，総合的な学習の時間を合科的に組み合わせた時間設定で，年間20数時間に及ぶプロジェクトである（こうした学習指導要領との整合性を踏まえた上での大胆な教科横断的なカリキュラム編成も，アクティブ・ラーニング実現のためにはとても大切だ）。小寺氏は，子どもたちが取り組む一年間の活動をカメラに収め，小寺氏自身がそのプロジェクト全体を写真絵本として出版する形で，子どもたちの取り組み全体を「作品化」して世に問うという構造になっている授業実践である。実際に一冊の写真絵本

として出版されている（小寺・石川ら，2016）。

　この実践を構想する中で，当初考えていたことは，関田一彦氏が上條晴夫氏のインタビューに応える形で説明していたスペンサー・ケーガンの四条件，すなわち①互恵的な協力関係がある／②個人の責任が明確である／③参加の平等性が確保されている／④活動の同時性が配慮されている（関田，2013）が成立するためにはどうすべきかであった。

　当時の私の教室には，発達上の特性のある子どもも多数在籍していた。また，支援学級在籍の3名の子どもが親学級として生活をしていた。支援学級在籍3名の子どもも含めた41名で取り組むことのできる授業でありたいという強い願いが担任である私にはあった。

　写真活動は，撮るだけであれば，身体的な難しさを持っている生徒以外は全員が取り組みやすく，また即座に成果物（写真）が得られるという点で意欲を掻き立てられやすい。一方でよい作品を撮っていくためには，深く考え，友の行為や作品からもたくさん刺激を受けることが大切であり，協同的な学習としても成立しやすい。ケーガンの4条件にも合致すると考えた。

　ところで，これは結果的には，写真活動を主軸に据えた「個別・協同・プロジェクト化の融合」のための試みということになった。

　撮影はある意味では徹底的に個別的な活動だ。何枚撮るかも個人の選択にゆだねられる。しかし，被写体はしばしば仲間たちである。また，仲間との協同によって，楽しく活動が進められていく。全員で一冊の写真集を創るというプロジェクトであり，必然的に互いの作品に興味を持つことになる。自らが責任を果たさなければ写真集全体のクオリティを下げてしまうことにもなる。

　協同学習を成立させる要件は，まさにインクルーシブな授業実現に有効な視点の提示であり，しかも苫野の思い描く授業の具体的な形を実現する手がかりともなる。協同学習は，アクティブ・ラーニングとインクルーシブをつなぐ学びという点でも，やはり中心的に注目されるべき授業スタイルであると言える。また，苫野の描く授業のイメージは，全ての子どもたちがそれぞれの性質や資質を生かしながら持続可能に学び続けられる大きな手掛かりになると言える。

4 キャリア教育視点・コミュニティ支援の観点で考えたい

　もう一つ，もっと大掛かりな授業を紹介しておこうと思う。

　そのためには，少し私が暮らした町で起きた「イノベーション」の話をしなければならない。子どもたちと私が写真実践を展開した上士幌町は，ふるさと納税で全国的な注目を集めていた。2014年度のふるさと納税額は9億円超，これは当時全国3位。もちろんふるさと納税に関しては，新自由主義的であるという批判や事実上の税収減を招く地方公共団体からの見直しの声があることは知っている。しかしここではその制度活用にいち早く注目した人たちのことを考えてみたい。

　この町では，その仕組みをいち早く立ち上げて，機能させることに尽力した人々がいる。こうした施策は，一人で進められるわけではない。私自身こうして町に蓄積されているお金を原資にして，担任学級に年間20人に及ぶお客様に来ていただいていた。町の役場職員から，商店街の方，プロの写真家や小説家，会社の社長さん，保育士などなど様々だ。「大人トーク」と呼んでいる時間である。子どもたちは学校外の大人と関わり合い，仲間と協同で思考し，ミニホワイトボードなどのツールも活用して質問し，深い学びを紡いでいく。

　この大人トークの講師として町内の温泉宿「山湖荘」の御主人蟹谷吉弘さんに来ていただいた。旅行雑誌から道内で一番残念な温泉街に選出されるという最悪の時期を乗り越えて，今やおいしい夕食ランキング上位の常連宿である。

　蟹谷さんを支えた仲間たちは，実は20数年前，町の小中高で机を並べて学んだり，様々な行事や部活動でともに過ごした先輩後輩であり，その多くがふるさと納税を成功させた人々でもある（石川，2016）。当時一学年5学級もある中で紡がれていた豊かな関係性が花開いているのである。しかし今や一学年1学級の規模にまで減少している中で，何もしないで同じことが起こるとはとても言えまい。

　アクティブ・ラーニングは仲間作りの側面とキャリア教育としての側面も持ち，それは地方においてははっきりと町づくりへとつながる道になっている。人口が減少し，小さくなった学校サイズの中で，子どもたちが主体的対話的で深い学びを積み上げていかなければ，将来の町や地域はおぼつかない。イノベー

ションを起こせるような人材を育てていくためには，当時よりもさらにより精緻な仕掛けが必要となる。発達特性のある子どもたちは，就労がうまくいかず，生まれ育った地域に戻ってくるケースも多い。全ての子どもたちが自分の未来を思い描け，自分の居場所を持て，現実的な課題を協同で深く考えながら改善していける，そういうインクルーシブな社会を作り出していくためにアクティブ・ラーニングは大いに寄与するはずだ。

5 「価値のインストラクション」が授業成立の肝である

　かつて私は，授業の中で教師が行う「インストラクション」を三つに分類した。すなわち，「方法・意図・価値のインストラクション」である（石川，2012）。授業で子どもたちと活動をする上で，「方法」を説明すること，それがどんな「意図」を持ったものであるかを解説することは大切だ。しかし，何よりも重要なのはその授業が，社会的な文脈の中でどのような「価値」があるかをインストラクションすることだ。アクティブ・ラーニングのような「活動中心の授業」では，学習のフレームがしっかりしていれば，それに寄りかかって授業はそれなりに進む。だが実際は学び手の気付きが少なく学びも小さいということが頻繁に起こる。フリーライダーと呼ばれ，必要な情報をただ取りしようとする者もあらわれる。そこで何よりも大切なのが「価値のインストラクション」である。

　「価値のインストラクション」が担っていることは，学び手の学びに対するネガティブな思考の洗い流しとマインドセットである。授業中にゲームをしたり漢字検定のテキストを開いたりする子どもたちは，他の人々と関わって学習することの価値が十分にわかっていない（十分に伝えられていない）。多くは長い年月をかけて，一方的な学びを押し付けられ，学びが社会の真ん中にあり社会を支え広げていくものだということから遠ざけられてしまっている。だから，学ぶということが，一人のためだけでなく，全ての人たちに開かれつなげられる社会的なものである，ということを，インストラクションすることで，ネガティブな気持ちをポジティブにマインドセットしなければならない。

　さて，ゲームや漢字検定テキストをする子どもたちのいる学級の授業。その後私は，子どもたちが校内じゅうを使いながら，PCなどのツールも自在に活用して取り組む『学び合い』（西川，2010）に変えることを決断した。複数課題

を提示し，取り組み方も順番も子どもたちに任せる。レポート作成形式にし，用紙も形式も子どもたちにゆだねる。数時間規模で取り組んだ後は，レポートの回覧，発表を相互に行い，内容・形式の両面から丁寧に振り返りを行う。そういう授業だ。

　しかし，まずは，子どもたちの学ぶ心に火をつけなければならない。マインドセットのための「価値のインストラクション」は，次のようなものだった。

　「きみたちの中に，授業中にこっそりゲームで遊んでいる人がいることは聞いています。ぼくの授業では課題を先に終えた人が漢字検定のテキストを机に出して解いている状況もあります。ぼくは，ゲーム機を使うことも漢字検定のテキストを出すことも，違いがないと考えています。つまり，ぼくをはじめとする先生方への関心の低さはもちろん，教室の仲間たちが考えていることや取り組んでいることに対しても関心が低くなっている。その結果，安心感が持てなかったり，学びへの関心がなくなったり，自分のことだけ専念してしまおうと考えたりしているのだと。きみたちがつながりあったり関わり合ったりして自分の理解の状況にも合わせながら学べない形の授業になっていることが最大の問題，つまり，問題は，ぼくの側にあります。ごめんなさい。

　ぼくは，ぼくら教師への関心が低いことは，どうでもいいと思っています。でも，きみたち一人一人が義務教育後期に互いへの関心を下げてしまうことを深刻だと考えています。なぜならきみたちの多くは，将来にわたってこの地に残り，この地域を支え合っていく仲間になるはずで，いまこそ，十分に互いを知り関わっていくことが必要だと思っているからです。

　そこで，今日から学習の主体をきみたちにできる限り預けたいと思います。

　ぼくがいくつかの課題を用意しますので，そのいくつかまたは全てをきみたちが選択し，レポートをまとめてください。まとめの用紙は様々なものを用意しますので，思い思いの方法でまとめてください。PC室も使って構いません。一人でやったり仲間と相談したりして取り組んでください。

　きみたちが本気で学びに向かい合ってくれることを，信じています。」

これからの授業においてはこれまでのような確実性を追究することよりも，試

行錯誤と可能性に賭ける必要があるとも考えられる。子どもたちの元来持っている学びたい欲求に火をつける，そういう言葉かけ（価値のインストラクション）が，授業の成否を分ける肝であるはずだ。

【引用・参考文献】

中央教育審議会（2021）「令和の日本型学校教育」の構築を目指して—全ての子供たちの可能性を引き出す，個別最適な学びと，協働的な学びの実現（答申）

藤井千春（2017）アクティブ・ラーニングをどのようにUD授業とするか．授業UD研究．3，16，日本授業UD学会．

石川　晋（2012）「対話」がクラスにあふれる！国語授業・言語活動アイデア42．明治図書．

石川　晋（2016）今，学校に求められているもの．授業づくりネットワークNO.21，学事出版．

石川　晋，上條晴夫ほか（2007）クラスに安心感が生まれるペア・グループ学習—授業成立の基礎技術〈2〉．学事出版．

小寺卓矢，石川晋ほか（2016）わたしたちの「撮る教室」．学事出版．

西川　純（2010）クラスが元気になる！『学び合い』スタートブック．学陽書房．

田村　学（2017）アクティブ・ラーニングと授業UD．授業UD研究．3，20，日本授業UD学会．

苫野一徳（2014）教育の力．講談社現代新書．

関田一彦（2013）巻頭対談．授業づくりネットワークNO.4，学事出版．

第7章

【実践紹介】
多様な子どもたちのいる学級で進める
アクティブ・ラーニングの実際

---

1 通常学級における「協同学習」を取り入れた
ユニバーサルデザインの授業づくり

嶋﨑博一

---

1 はじめに

　本実践を行った学校は，全校児童50人程度の小規模校である。どの学校でもあるように，学習に対して困り感をもっている児童は少なくない。そのため，困り感をもっている児童が「分かる」「できた」という達成感がもてるように，授業の中にユニバーサルデザインの観点から個別の支援や配慮を取り入れた2〜3人の小集団で追究していく「協同学習」に取り組んでいる。「困り感をもっている児童にとって分かりやすい授業をすることは，困り感のない児童にとっても分かりやすい授業である」という共通理解のもと，児童が主体的に追究できる授業づくりを目指している。

2 クラスの様子

（1）協同学習は，国語が苦手な子が楽しみにする授業である

　ある年の4月にアンケートを実施した。「国語の授業が好きですか？」という質問に対して，好きと答えた児童が60％，嫌いと答えた児童が40％であった。そ

の理由は，「発表ばかりでつまらない」「読み取りがおもしろくない」などであった。５月から「協同学習」を取り入れた授業を実践していくと，国語の苦手な児童や発達障がいのある児童が「先生，次はいつ協同学習やるの？」「今日も，協同学習で授業がやりたい」と声をかけてきた。さらに，児童の声を聞いていくと，以下のような３つの「協同学習」が楽しい理由があることが分かってきた。

1．アクティブな学習だから楽しい（分からないと言える）
2．だれもが活躍できる授業だから楽しい（自分たちで考えられる）
3．わかりやすい授業だから楽しい（説明してもらうとよく分かる）

このように「協同学習」は，困り感をもっている児童にとっても，困り感のない児童にとっても，仲間と考えを深め合っていくことで「分かった」という達成感を味わうことができる，楽しくて，学びやすい学習スタイルであることが児童の声から見えてきた。

3 実際の指導──小学5年生「なまえつけてよ」(光村図書) の実践から

以下では，本単元のねらいについて述べた後，導入・課題提示（5分），課題追究（20分），まとめと自己・相互評価（20分）という授業の流れに沿って，教師が行った指導の工夫と児童の様子について記した。

(1) 題材と本単元のねらいについて

「なまえつけてよ」(光村図書「国語5年」) は，主人公である春花が「子馬に名前をつける」という出来事を通して，転校生の勇太との関わりを深めていく話である。本単元では，春花の勇太に対する心情の変化を話し合う活動を通して，登場人物の相互関係をとらえることをねらいとした。

(2) 導入・課題提示（5分）──視覚化による工夫

これまでの授業の導入では，教師の説明が長く，言語理解が難しい子どもたちにとっては，見通しが持てず，意欲を失ってしまうことが多かった。そこで，

本単元では「電子黒板を使った視覚化」を取り入れた導入を行うことで学習意欲を高める工夫を行った。

　題材「なまえつけてよ」では，教科書のさし絵をもとに，登場人物の顔の部分に「？」マークをつけて顔をかくしたものを提示する。そして，9種類の表情マークを用意し，「？マークにあてはまる表情マークは，どれかな？」と問うことで，思わず教科書の叙述をもとに理由を考えるという仕組みを考えた。言葉から気持ちを想像することが苦手な児童にとっても，さし絵と表情マークを使うことで，楽しく授業に参加でき，心情をより理解しやすくなると考えたからである。

　さらに，小学5年生の指導事項である「登場人物の相互の関係をとらえる」ための指導の工夫として，春花の勇太に対する気持ちの変化を「友達度グラフ」に表した。このことにより場面ごとに春花の勇太に対する「友達度」を話し合うことによって，気持ちの変化が可視化でき，読みとりが苦手な児童にも，登場人物の相互の関係が分かりやすくなると考えた。

(3) 課題追究（20分間）

①協同学習を成立させるための学習課題設定の条件の工夫

　導入で児童の興味を引き出し，学習課題の提示を行った後に，課題追究の時間を20分程度設定した。課題追究の時間には，3名ずつのグループに分かれて，協同学習を行った。協同学習を成立させるためには学習課題設定が重要である。これまでの「主人公〇〇の気持ちを読みとろう。」という学習課題では，協同学習を成立させることは難しい。なぜなら，学習の出口（ゴール）が見通せず，何について，何を手がかりに，どこまで考えればよいかが具体的ではないからである。そこで協同学習を成立させるためには，以下の3つの条件が必要であると考えた。

　1）課題設定……出口（ゴール）がわかる明確な課題（アウトプット型）
　2）タスク……全員ができるようにするための活動目標
　3）考える視点……話し合いを焦点化させるためのヒント

「1）課題設定」では，「読みとろう」のようなインプット型ではなく，「説明しよう」などの，アウトプット型の課題を設定することにした。次に「2）タスク」では，「20分間で，グループ全員が二人の関りについて説明できる。」というようなグループの具体的な活動目標を示した。最後に，「3）考える視点」について，グループでの話し合いを焦点化させるためのヒントを児童に与えるようにした。考える視点があることで，誰もが安心して話し合いに参加することができる。このような3つの条件を設定することで，児童が主体的に課題追究をするアクティブラーニング型の授業のスタイルになるだろうと考えた。実際の授業では，「1）課題設定」に関して，制限時間や協同して課題解決しなければならないという約束事を設定することによって，自発的にお互いを助け合う「集団随伴性」の効果が児童に見られた。例えば，時間を意識して話し合いを行ったり，ホワイトボードに仲間の意見を位置づけながら，まとめたりするようになった。

②話し合いを「共有化」するための思考ツール（ホワイトボード）の工夫
　課題追究の場面では，話し合いを共有化するため，思考ツールの工夫をしている。話し合いの過程や内容を可視化するための道具として，ホワイトボード

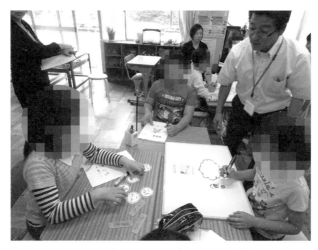

図7-1-1　思考ツール（ホワイトボード）を使っての協同学習の様子

を活用しながら学習を進めていった (図7-1-1)。例えば，LD傾向の児童にとって，言葉だけのやりとりでは，話し合いに参加することは難しい。なぜなら，言葉だけでは，話し合いの過程が消えてしまうからである。しかし，ホワイトボードを使うことで，話し合いの過程が文字として視覚化されるので，安心して話し合いに参加できる。実際の授業では，春花と勇太の心情に関して，ホワイトボードに表情マーク，吹き出し，その理由を書きこんでいく様子が見られた (図7-1-2)。図のホワイトボードの板書の中央にある「80」という数字は，二人の関係を示す友達度の値であった。ホワイトボードの板書内容から，本時のねらいである二人の相互の関係を明らかにしていることが分かる。

③まとめと自己評価・他者評価 (20分間) 達成感を確かめる評価の工夫

　まとめの場面では，協同学習だからこそ，最後は個に返すことを大切にしている。それぞれのグループで追究してきたことを，ホワイトボードを使って，グループ内で説明し，その後，自分のノートに書きまとめる活動を位置づけている。グループでは，「誰もが，説明できるように助け合う」というタスクがあるため，課題追究後は，自信がある子からホワイトボードを使って説明を行い，説

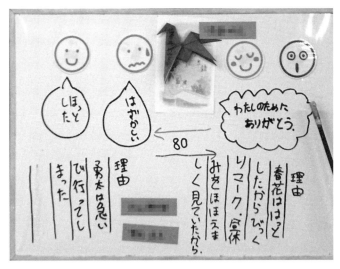

図7-1-2　ホワイトボードの例

表7-1-1　自己評価の3観点

自己評価の合言葉	自己評価の場面
①読みきる	自分の考えをもつ場面
②話しきる・ささえきる	自分の考えを伝え合う場面
③書ききる	考えを豊かにまとめる場面

明ができたらネームカードを貼ることにしている。学んだことを再構成しながらアウトプットする時間である。児童たちは，「私から話してもいいかな」とホワイトボードを指し示しながら話し始める。「勇太は，紙で折った馬を春花に手渡す時は，すごくはずかしい気持ちだと思ったよ。だから，この表情マークにしました。でも，心の中は，春花に渡すことができて，ほっとした気持ちだと思うよ。」授業において，よく話せない，書けないという児童の姿を見ることがあるが，本実践のような主体的なアウトプット活動が多く設定された協同学習では，どの子も，理解し，思考し，表現するプロセスの中で，たくさんの情報をアウトプットすることで，まとめの場面では自分一人の力で書くことができるようになると考える（図7-1-3）。

　こうしたまとめの時間を「確かな学び」のふり返りの時間とし20分間時間を設けている。この時間には，自らの学びを自己評価の3観点（①読みきる，②話しきる・支えきる，③書ききる）をもとにしながらのふり返りを行うことを大切にしている（表7-1-1）。さらに，学びの確認は，お互いの学びのよさを相互評価することも大切にしている。こうした，学びの評価によって，一人ひとりの学びを評価するとともに，次への深い学びへとつながっていくと考えている。児童たちは，仲間の発表を聞きながら，「○○さんは，主人公の気持ちを前と比

図7-1-3　主体的に学ぶプロセス

べながら発表できていてすごいと思ったよ。」「私たちも，二人の友達度を80に
したから，同じだと思ったよ。」と仲間の意見と自分の意見を比べながら聞くこ
とができるようになってきた。

4 本実践の成果と今後の課題

　導入を5分間にしたことによって，課題追究に20分間，終末のまとめの時間
に20分間確保できるようになった。このことによって，一人ひとりの児童の学
びの様子を丁寧に見届けることができるようなった。

　また，協同学習を取り入れた授業に取り組んだところ，協同学習がわかりや
すい，楽しいと答える児童が90％を越えた。さらに，国語の授業が好きである
と答えた児童が，本実践前の4月時点では67％であったのに対して，84％にま
で増えてきた（図7-1-4）。

　「協同学習に取り組むようになってから，予習をしてくる児童が増えた。授
業において「仲間とたくさん話し合いたい。」「仲間に役立つ意見を言いたい。」と
いう意識から，一人読みや，語句調べを行う児童が増えてきた。

　授業改善によって職員の意識が向上した。困り感のある児童への対応につい

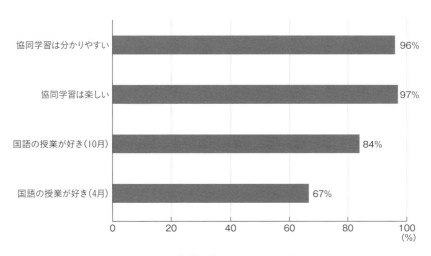

図7-1-4　全校児童へのアンケート結果

て，通常学級と特別支援学級の担任同士が，放課後の職員室で話し合う姿が増えた。

　今後は，協同学習において，自分の考えを話すだけではなく，友だちから聞いたことをもとに考えたり，話をつなげたりする力を，さらにつけていく必要がある。

　また，協同学習における学習課題の内容が，児童に身につけさせたい「読みの力」を追究していくのに，ふさわしい学習課題となっているかは毎時間の授業ごとに常に検討していく必要があるものであると考える。

【引用・参考文献】

桂聖（2011）国語授業のユニバーサルデザイン：全員が楽しく「わかる・できる」国語授業づくり．東洋館出版．

阿部利彦（2015）通常学級のユニバーサルデザイン プラン Zero2　授業編：気になる子が多いクラスを変える5つのテクニック．東洋館出版．

涌井恵（2014）学び方を学ぶ：発達障害のある子どももみんな共に育つユニバーサルデザインな授業・集団づくりガイドブック．ジアース教育新社．

涌井恵（2015）学び方にはコツがある！その子にあった学び方支援：発達障害のある子とUD（ユニバーサルデザイン）な授業づくり．明治図書．

児童が学び方を選び，学び合う授業の実践
── 小学校低学年国語科でのマルチ知能を活用した授業づくり

堀川知子

1 はじめに

　教室には，いろいろな課題を抱えた子どもたちがいる。しかし，教師の配慮や工夫によって，どの子も主体的に学びに向かい，楽しく学び合うことができるのではないかと考える。小学校低学年の国語の授業について，マルチ知能を活用し，自分に合った学び方を工夫したり選んだりできる授業の実践を紹介する。

2 クラスの様子

　小学2年生のクラスである。学級の児童の中には，声や動きが大きくなってしまい，離席をしてしまう子がいる。まじめな性格で，学習にしっかりと取り組もうとするが，読みがたどたどしく，文章の内容を理解しにくい子もいる。こだわりが強く，なかなか学習に入れない，取りかかると止められないという子もいる。登場人物の気持ちを書いてみようと言うと，全く書けない子もいる。文章の読みとなると，学習への意欲をなくしてしまう子もいる。しかし，友達といっしょに考えると安心して学習できる，体を動かすことが好き，絵を描くのが好き……といった児童の気持ちに沿って授業づくりをすれば，主体的に学びに向かえる子が増えるのではないかと考えた。

（1）小学2年生の国語「スイミー」の授業

　「スイミー」（レオ・レオニ 作・絵）という文学教材である。単元の目標が「想像を広げながら読み，感想を書く」ことである。マルチ知能や思考ツールを活用することで，人物の行動や会話，場面の様子などを自分なりに読み取っていけるようにした。「スイミーを応援したい」という気持ちをもたせることで，感想が書きやすくなると考えた。書いた感想は友達と読み合い，交流させる。交流によって，友達の文章表現の良さに気付いたり，自分の書いた文に同意してもらう心地よさを味わったりできるようにした。先生や友達から認めてもらいながら，自分の学びに手応えを感じ，それを繰り返していくことが，主体的な学びにつながっていくと感じているからである。

　読むことの助けとなるように，原作絵本の挿絵，写真や動画などを見せ，視覚的に補った。海の中の様子を表した模型を置き，体感できるようにした。

　文学教材を想像を広げながら読むためには，やはり原作絵本にふれることも大切である。読み取りと同時に，作者レオ・レオニの他の図書も読み進めていく平行読書も取り入れた。

（2）授業の流れ

　おおよその授業の流れは，次の通りである。

1．音読を聴き合う。（ペアで）
2．学習場面の大体をつかむ。
3．学習課題を解決するために，マルチ知能の力を選ぶ。
4．マルチ知能の力を使って考える。（1人で・友達と）
　（同じ学び方を選んだ児童が自然と集まって学び合う。）
5．課題について，みんなで話し合う。
6．学習のまとめ【スイミーの日記】【応援メッセージ】を書く。
7．書いたものを友達と読み合い，感想を伝える。

8. どのマルチ知能の力を使ったか，めあては達成できたかを振り返る。

　授業の流れは，毎時間，同じにした。同じにすることで，予測が立たないと不安になる子も取り組みやすくなると考えたからである。

(3) ワークシートの工夫

　「スイミーの日記と応援メッセージ」を単元を貫く言語活動に設定した。スイミーの日記は，人物の行動や会話を中心に書き，応援メッセージはスイミーに言ってあげたいことを書く（図7-2-1）。これが「場面の様子に着目して，登場人物の行動を具体的に想像すること」（学習指導要領　思考・判断・表現C読むこと（1）エ），「身近なことを表す語句の量を増し，話や文章の中で使うとともに，言葉には意味による語句のまとまりがあることに気付き，語彙を豊かにすること」（知能・技能（1）オ）という目標にせまるのにふさわしい言語活動になると考えた。日記は，教材文から大事な言葉を探して書き入れられるようにすることで，どの子も取り組みやすくした。

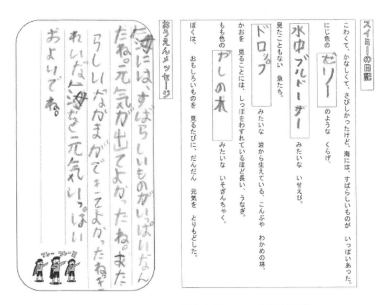

図7-2-1　スイミーの日記と応援メッセージ（記入例）

4 マルチ知能を活用したときの子どもたち・クラスの様子

　「スイミー」3の場面の「海にある，すばらしいものやおもしろいものを見るたびに，元気を取り戻したスイミーの気持ちを考える」学習では，自分が考えやすいマルチ知能の力を選んで課題解決をすることができるように設定した。

(1)「体」の力を使う

　スイミーがつぶやくであろう言葉を考えながら，ペープサートを叙述に合わせて動かした（図7-2-2）。

(2)「絵」の力を使う

　海の中のすばらしいものを絵に描き，スイミーの気持ちを考えた（図7-2-3）。叙述に沿ってイメージをふくらませて絵に表すことができた。このマルチ知能を活用して取り組む時間は10〜15分とし，完成しなくてもよいとする。なぜなら，授業後半のスイミーの心情を話し合うことや，応援メッセージに書くことなどに活かされればいいと考えるからである。

(3)「絵」や「ことば」などの力を使う　思考ツールの活用

　思考ツールのフィッシュボーン図を使った（図7-2-4）。思考ツールを活用したことで考えが整理され，元気を取り戻したスイミーの心情を理解することが

図7-2-2　「体」の力を使って学ぶ様子 —— ペープサポート

できた。普段なら，意欲が途切れてしまう子も，応援メッセージを自分で書く
ことができ，授業が終了してもワークシートの裏面にまで書き続ける姿が見ら
れた。

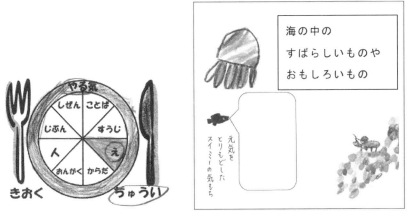

図7-2-3　「絵」の力を使って学ぶ様子 ── 場面の絵を描く

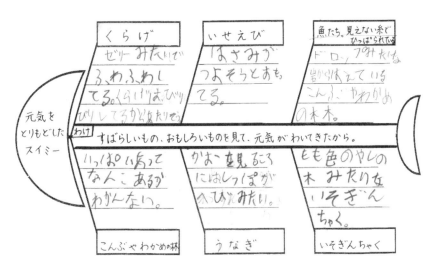

図7-2-4　「絵」や「ことば」の力を使って学ぶ様子 ── 思考ツールの活用

5 実践の成果と今後の課題

児童が学び方を選び，学び合う授業の成果を以下に記す。

- ・自分の学びやすい方法を選んで，学習することができるので，授業に参加したくなる気持ちが出てくる。
- ・動きの自由度が高いので，多動傾向の子も参加できる。
- ・マルチ知能の「人の力」を使っていいので，誰もが安心して学べる。友達に教えてあげたり教えてもらったりすることで，「教えてもらってよかったな。」「〜さんと，一緒に考えよう。」と思える。
- ・学び方が選べることによって，「うまくできたから，次もこの学び方でやってみよう」「次は違う学び方を選んでやってみよう」と，単元を通して前向きな気持ちになる。
- ・物語文や説明文で，繰り返し取り組むことで，物語ならこの学び方でできるという自信が持て，自分なりに学習を予測することができる。

文学教材や説明文ではもちろん，さらには，「話す聞く」教材でもマルチ知能を活用した実践は可能である。なかなか，授業の準備をする時間が取れなくても，年に3回ほど，学び方を児童が選ぶ授業を実施し，楽しく取り組ませることで，他の単元や他教科でも主体的に取り組もうとする児童の姿が見られるようになった。

課題としては，マルチ知能を活用しやすい単元というのがあるのかどうか検討や他の単元での実践例のさらなる開発が必要である。

【引用・参考文献】
涌井恵（2014）学び方を学ぶ：発達障害のある子どももみんな共に育つユニバーサルデザインな授業・集団づくりガイドブック．ジアース教育新社．

3 かけざんっておもしろい！ チームで覚えるかけざん九九

—— マルチピザを活用した通常の学級における「かけ算（第2学年）」
の実践

畑中由美子

1 学び方を選ぶ力をつける「マルチピザ」

在籍するすべての子どもが学べる授業を考えるときに，マルチ知能や，やる気・記憶・注意の力を学び方の観点として，子どもが自分の学び方で学んでいく授業（涌井，2016）の活用は大変有効であると考える。なぜなら，いくら加配で学習支援員を増やしたとしても，単一の学び方で進む授業の中では，その子どもに合った支援を行うことに限界を感じるからである。自分の学び方で学ぶ場合，同じ学び方を選んだ友だちが，その進め方においてよい支援者同士となり得ることが多くある。

自分の学び方で学ぶためには，どの子どもも自分で選んだり決めたりする力が欠かせない。その力を付けるために，マルチピザを用いて「きょうはどの力を使うかな」という，一日の見通しを立てる活動に2学期から毎日取り組んだ実践を紹介する。その日に使う力を毎朝意識し，振り返ることで「学ぶ」意思を持って授業に参加する。

本実践では，自分に適した学び方を自分で選び，自分の学習目標を達成する子どもの姿を通して「すべての子どもが学べる授業」の可能性を探ってみたい。

2 クラスの様子

児童数の男女比は，男子19名に対して女子7名と，偏りがある学級である。本実践校は単年度編制のため，そのうちの半数が，筆者とともに持ち上がった児童である。約半数の児童は前年度にマルチ知能や，やる・き・ちゅを活用した

授業を受けた経験がある。明るく楽しい学級で，児童同士の関わりも良好である。グループ活動もおおむね円滑にすすめることができるのだが，それぞれの個性が多様であることに加え，個人内の強みや弱みの幅が大きいため，学習面ではさまざまな工夫が必要となる。

　言葉で伝えることは難しいが，絵によって細部まで表現できる児童，情報量を精選するとよく理解できる児童，長時間集中することは苦手だが，友だちとの議論を深めることができる児童などのほかにも，家庭学習を家で行うことが難しい児童や忘れ物が非常に多い児童もいて，学習面に限らず一斉に何かが揃うという場面があまりない。子どもたちは「人によっていろいろ違う」ということを日々感じながら過ごしているといえるだろう。

　「かけ算」は，第2学年算数において代表的で重要な単元である。なかでも「2年生といえば九九」というように，九九を暗唱することは多くの保護者の関心を引いており，既に学習塾などで学んでいる児童も少なくない。しかしそれは，九九が言えるようになっただけで，かけ算の意味理解への関心・意欲が失われている場合も含まれるので注意が必要である。また，既習事項を使わなくても理解できる場面が多いので，これまでの算数に苦手意識を持つ児童でも取り組みやすい単元でもある。クラス全員が「かけ算のきまりを上手に使いながら九九を暗唱できる」ようになることを目標に，この学習をスタートさせた。

3 実際の指導

（1）単元の流れ

　表7-3-1の通りである。

（2）単元目標

・数の意味や表し方について理解し，数を用いる能力を伸ばす。
・乗法の意味について理解しそれを用いることができるようにする。
・乗法が用いられる場合について知り，それを式で表したり，その式を読んだりして，情報の意味を理解する。

表7-3-1　指導計画案

単元名	小単元　()内は時数	おもな学習内容	参考
かけ算(一)	かけ算(5)	・かけ算の意味の理解	
	2のだんの九九(2)	・2つずつがいくつ分の個数を求める ・2のだんの唱え方を覚える ・「九九」の意味	展開① 展開②
	5のだんの九九(2)	・5つずつがいくつ分の個数を求める ・5のだんの唱え方を覚える	展開① 展開②
	3のだんの九九(2)	・3つずつがいくつ分の個数を求める ・3のだんの唱え方を覚える	展開① 展開②
	4のだんの九九(2)	・4つずつがいくつ分の個数を求める ・4のだんの唱え方を覚える	展開①表3-2参照 展開②表3-3参照
	きまりをみつけよう(1)	・かけ算のきまりを見つける	
	カードあそび(2)	・答え取りやカード合わせ，大きさ比べや「神経衰弱」のゲーム	
	れんしゅう(1)	・既習事項の理解を深める	
かけ算(2)	6のだんの九九(2)	・6つずつがいくつ分の個数を求める ・乗数が1増えると答えは被乗数分だけ増えることに気づく ・6のだんの唱え方を覚える	展開① 展開②
	7のだんの九九(2)	・7つずつがいくつ分の個数を求める ・乗数が1増えると答えは被乗数分だけ増えることに気づく ・かけられる数とかける数を入れ替えても答えは同じになることが分かる ・7のだんの唱え方を覚える	展開① 展開②
	8のだんの九九(2)	・8つずつがいくつ分の個数を求める ・乗数が1増えると答えは被乗数分だけ増えることが分かる ・被乗数と乗数を入れ替えても答えが 同じになることが分かる ・8のだんの唱え方を覚える	展開① 展開②
	9のだんの九九(2)	・9つずつがいくつ分の個数を求める ・乗数が1増えると答えは被乗数分だけ増えることが分かる ・9×1と9×9以外は交換法則で答えが求められることが分かる ・9のだんの唱え方を覚える	展開① 展開②
	1のだんの九九(2)	・1つずつがいくつ分の個数を求める ・1のだんの唱え方を覚える	
	どんな計算になるかな(1)	・問題の仕組みを得や図を用いて表現し，考える	
	れんしゅう(1)	・既習事項の理解を深める	
	力だめし(1)	・既習事項の確かめをする	

（3）1コマの授業における展開

　2から9の段の指導は，各段につき2コマの授業を行った。まず，展開①として「○のだんをしらべよう」というめあてで授業を行い，次時は展開②として「○のだんをおぼえよう」というめあてで授業を行った。

　展開①では，まず「どんな調べ方があるかな？」と指導者が発問し，児童はマルチ知能や「やる・き・ちゅ」の力を使って，どんな方法が考えられるか発表する。そして，自分の調べ方を決め，ワークシートのマルチピザのイラストの中で，自分が使うつもりの力に色を塗る。その後，15分間程度，同じ調べ方の友達と協力して○の段について調べる。残りの15分間はまとめを全体で行い，調べてみてわかったことや，今日使った力をワークシートに記入する。

　展開②では，前時に調べた○の段の九九を覚えているか，一人ずつ確かめた。その後，「（九九の）どんな覚え方や作り方があるかな？」と子どもたちに投げかける。何人かが自分なりの覚え方や作り方のアイデアを発表すると共に，それらのやり方ではどんな力を使っているのかについても考えさせる。このように数種の覚え方や作り方を全体で確認した後で，自分はどの覚え方や作り方で取り組むか決め，ワークシート（図7-3-1）のマルチピザのイラストの中で，自分が使うつもりの力に色を塗る。その後，15分間程度，同じ覚え方や作り方の友だちと協力して○の段について覚えたり，作ったりする。より覚えることに前時に続き取り組みたい児童は覚える活動に，覚えた自信のある児童はその段の九九を作る作業に取り組む。残りの15分間はまとめを全体で行い，九九を覚えられたかどうか一人ずつ唱えてみたり，作った○の段（例えば図7-3-2や図7-3-3）を発表したりする。最後に，調べてみてわかったことや，今日使った力をワークシートに記入する。

（4）評価の手だて

　授業に参加する様子やワークシートに記入された事柄，単元ごとに行った標準テストの結果から評価を行った。

（5）指導中の子どもたちの様子

子どもたちが考え出した調べ方は，次の通りであった。
・たしざんをしていく。
・半具体物を数える（算数ブロック・自分たちが描いた絵・クリップ・ペットボトルキャップ等）。
・シールを貼って，数のかたまりをつくって数える。
・そのだんのリズムで踊る。
・カレンダーを使う（7のだん）。（図7-3-2）
・床タイルで数のかたまりを作って数える。

また，児童が試した覚え方は次の通りである。
・そのだんのリズムで作った踊りを何回も踊る。
・支援員の先生や友だちに問題を出してもらう。
・ＣＤに合わせて九九の歌（ベネッセコーポレーション「こどもちゃれんじ」教材）を何度も歌う。
・作った床タイルのかたまりを声に出して何回も跳ぶ。

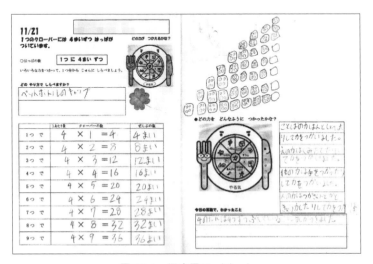

図7-3-1　児童用ワークシート

なお，塾などで既に九九を覚えていた児童たちは，下記の調べ方を1〜4名のグループに分かれて行っていた。また，覚えたり作ったりする活動の途中で，やり方を変えてもよいことにした。

・床タイルのかたまり
・クリップをつないだかたまり
・ペットボトルキャップのかたまり（図7-3-3）
・○○のだんの踊り
・折れ線グラフ（未学習）

図7-3-2　カレンダーでつくった7のだん

図7-3-3　ペットボトルのふたでつくった4のだん

　「マルチピザとやるきちゅトリオ（涌井, 2016）」を日々の学習の中に取り入れた活動には2学期から取り組んできたので，学び方を提案したり，どの力をどんなふうに使ったかを記入したりすることはスムーズにできた。2の段から9の段までの学習の進め方をパターン化したため，見通しが立てやすく，どの児童も意欲的に取り組むことができたように思う。また，書く活動を極力減らしたので自分のやりたい学び方に専念することができた。

　はじめは，既に九九を覚えている児童の多くが，たし算で計算しながら調べたり九九を作ったりしていた。理由は「簡単に終わるから」である。しかし，回数を重ねるにつれ自分が楽しめるもの，おもしろいと思うものに変わっていった。踊りのチームやペットボトルを並べるチームに移った児童は，たし算で調べたときには分からなかったことに気づき，「同じ種類じゃないと数のかたまりは作れない」ことに感心する児童も出てきた。通常は見過ごしてしまうような1円玉を重ねて作った九九（教科書掲載）に「こんなにたくさんすごいよね……」と思いを寄せる場面も見られた。印象的だったことは，算数は苦手と言っていた児童たちが率先して体を動かすことで九九のきまりを発見し，周りの児童に次々と伝えていたことである。九九を既に暗唱できている児童にとっても，全く知らない児童にとっても，学びが多い活動となった。

4　実践の成果と今後の課題

　今回の実践は，楽しく取り組めただけでなく，どの児童も思った以上に自主的に九九を覚えたり使ったりすることができたものとなった。一緒に活動していた学習支援員も「たった1時間でこんなにできるようになるんですね」と驚いていた。自分と同じやり方の友だちと試行錯誤しながら，限られた時間内にできる限り覚える……という繰り返しに，児童たちも達成感を感じてきたのかもしれない。

　実践前は，九九を覚えられないばかりか興味も示さない児童が複数現れるのではないかということが心配された。特に学習塾などで，既に学んで興味を失っている児童の気持ちを惹きつけ，それぞれの理解を深めていくためにはどのような授業を展開していけばよいのかが課題であった。しかし，自分が学びたい

学び方で友だちと協力しながら取り組むことで、新たな発見に出会った子どもたちは、九九をつくる段階で、より深い理解ができるようになった。算数に苦手意識を持ち不登校傾向にあった児童も活動を楽しみに登校したり、保障された練習時間の中で正しく練習することによって、自分ができる実感を持てたりしたようである。

展開②の「おぼえよう」の活動後は、児童に合った声かけを行いながらではあるが、覚えたかどうかを時間内に一人ずつ確認した。クラス全員から、大きな拍手とともに「すごいじゃん！」「がんばったね！」「あと少しだね！」「おし～い！」などと声を掛けてもらえる、この時間のためにどの児童も集中して取り組み、次への意欲へとつなげていたように思う。そして、マルチピザに「友だち（ひと）の力」を記入し、協力したことを実感するとともに、友だちとのつながりを強めることもできた。進級した現在も、算数に苦手意識を持つ児童が、割り算の学習に自信を持って取り組んでいたり、かけ算の仕組みをきっかけに数のおもしろさを知り、習いごとを始めたなどの話を聞いたりしている。

課題としては、「書字量をできるだけ減らすが理解が深まる授業」をどのように展開し、活動の時間を十分に確保していくか、という点が挙げられる。書く活動を多く入れてしまうと、実際に練習したり九九を作ったりする時間が十分に取れなくなるし、書くことが苦手な児童の理解や活動も妨げてしまう。今回は一つの活動が一単位時間で終わることができるように、書く活動を最小限にまで減らしたつもりだったが、活動量を十分に取るまでには至らなかった。

次に、「マルチ知能」についての学習をどの時間に行うか、という点である。今年は学級活動や朝の会等の時間に計画的に少しずつ取り入れてきたが、前述したように半数が前年度に既に学習していたこともあって、今回の授業がスムーズに進んだのかもしれない。

上記2点の課題を少しずつ解消していくことによって、自分の選んだ学び方で学ぶ授業はより展開しやすくなるのではないかと思っている。

【引用・参考文献】

涌井恵. (2016). 通常の学級における特別支援教育実践：ユニバーサルデザインな学級づくり，授業づくり，自分づくり. 発達障害研究. 38 (1), 381-390.

小学校理科での実践 「いろいろなこん虫のかんさつ（3年）」

小野典利

1 はじめに

　子どもが落ち着かず授業がやりにくくて困ると感じることが年々増えてはいないだろうか。わたし自身，本実践校に異動した1年目は，授業が全く成立せず，自信を失うばかりであった。最初は子どものせいにしていたが，児童の実態を無視した教師主導の一斉授業に対して，「分からない」「できない」「つまらない」「やってられない」と，子どもたちが教室から逃げ出したのは，今振り返れば至極当然な反応だったのだと思う。何とか子どもたちを主体的に学びに向かわせられないものかと模索しているときに出会ったのが「マルチ知能理論」である。子どもが主体的に学びに向かってはじめて，対話的で深い学びが生まれる。今回紹介するのは，わたしが初めてマルチ知能理論を取り入れて授業改善を行った実践例である。

2 マルチ知能と教材研究

　第3学年の理科は，身近な自然を観察する単元が多い。しかし，ただ「観察しましょう」と言っても，子どもは具体的に何を観察すればよいのか分からない。観察するときに「色」「形」「大きさ」などの観点を与えてきたが，場当たり的で系統性に欠けていた。本単元では，マルチ知能の8つの力を使って昆虫の観察を行った。マルチの力を使うことにより，多面的に対象を観察する力が養われた。また，教師自身もマルチの力を使うことより教材研究を深めることができた。教材研究をする際には「MI（マルチ知能）＆やる・き・ちゅの授業づく

り曼荼羅」を活用した（図7-4-1）。

3 クラスの様子

　外国籍，ＬＤ傾向，自閉傾向，多動，こだわりが強いなど，30名のうち半数近くが個別に支援が必要なクラスである。特別支援学級在籍の児童も「交流及び共同学習」で理科の授業に参加している。クラスの子どもたちは，教師の指示が入りにくく，集中力が持続しないため，始めは熱心に観察や実験に取り組んでいても，途中から遊びになってしまうことが多い。

4 実際の指導

（1）題材

　こん虫の育ち方

（2）目標（※実践当時の改訂前の学習指導要領の観点を使用している）

　・身の周りの昆虫に興味をもち，昆虫の育ち方について調べようとする。

（意欲・関心・態度）

　・昆虫の育ち方には一定の順序があることを理解することができる。

（知識・理解）

（3）展開

　本時の授業の流れについては，その詳細を表7-4-1にまとめた。

（4）評価（※実践当時の改訂前の学習指導要領の観点を使用している）

　・身の周りの昆虫に興味をもち，昆虫の育ち方について調べようとしている。

（意欲・関心・態度）

　・昆虫の育ち方には一定の順序があることを理解している。　（知識・理解）

単元名「いろいろなこん虫のかんさつ」 9月●日 2校時目 記入者 小野

本時のねらい：**身の周りの昆虫に興味をもち，昆虫の育ち方について調べる。**

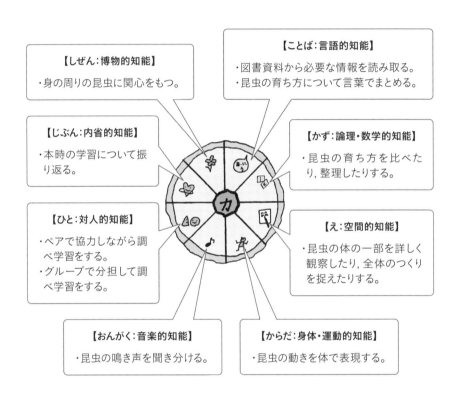

【しぜん：博物的知能】
・身の周りの昆虫に関心をもつ。

【ことば：言語的知能】
・図書資料から必要な情報を読み取る。
・昆虫の育ち方について言葉でまとめる。

【じぶん：内省的知能】
・本時の学習について振り返る。

【かず：論理・数学的知能】
・昆虫の育ち方を比べたり，整理したりする。

【ひと：対人的知能】
・ペアで協力しながら調べ学習をする。
・グループで分担して調べ学習をする。

【え：空間的知能】
・昆虫の体の一部を詳しく観察したり，全体のつくりを捉えたりする。

【おんがく：音楽的知能】
・昆虫の鳴き声を聞き分ける。

【からだ：身体・運動的知能】
・昆虫の動きを体で表現する。

やるき	記憶	注意
・クイズを楽しみながら，昆虫について詳しく知る。	・調べたことを一覧表にまとめて整理する。	・クイズに答えるために，よく見たり，聞いたりする。

図7-4-1　MI & やる・き・ちゅの授業づくり曼荼羅

表7-4-1　授業夫（本時）の流れ

学習活動	教師の支援	主に活用する知能
1　「こん虫クイズ」をする。	・マルチ知能の観点から作成したクイズをすることにより，昆虫を多面的に観察できるようにする。	空間，音楽，身体・運動，論理・数学，博物
2　本時の課題をつかむ。	・既習事項の「モンシロチョウ」の育ち方と比べて考えるように言葉かけをする。	論理・数学
3　ペアで調べる。	・ペアで調べる昆虫はあらかじめワークシートに記入しておき，グループで分担して調べ学習が進められるようにする。	言語　対人
4　グループで調べたことを聞き合う。	・グループ内でお互いに調べたことを聞き合うことにより，昆虫の育ち方について多くの情報を収集できるようにする。	論理・数学　言語　対人
5　「こん虫の育ち方」についてまとめる。	・集めた情報をもとに，昆虫の育ち方について考え，言葉でまとめる。	論理・数学　言語
6　本時の学習を振り返る。	・本時に使った知能についても振り返ることによって，マルチ知能を使って学習を進める意識を高める。	内省　言語

5　指導中の子どもたち・クラスの様子

　導入で，マルチ知能の力を使った観察の仕方を知るために「こん虫クイズ」を行った。ことばで出された３つのヒントをもとに昆虫の名前をあてる「スリーヒントクイズ」，大型テレビの画面上で小さなのぞき窓を移動させ各部分の特徴から昆虫をあてる「映像クイズ」，鳴き声を聞いて昆虫をあてる「鳴き声クイズ」，昆虫の動きを体で表現する「ジェスチャークイズ」，昆虫が育つ順番に写真を並べる「並び替えクイズ」である。子どもたちが大好きなクイズ形式だったので，昆虫に対する興味や関心が高まった。本校は緑が豊かなので，スリーヒントクイズでは，「昨日の放課後，校庭で見かけました。」という最初のヒントですぐに正答がでた。しかし，校庭から一番聞こえてくるコオロギの鳴き声を聞かせたところ，半数の子どもがスズムシと答えたり，ジェスチャークイズで，カマキリのカマを激しく上下させたりするなど，思い込みや先入観に左右される面もあった。正解する度に昆虫の写真を掲示しておき，最後の並び替えクイズで

既習事項であるモンシロチョウの「たまご」「幼虫」「さなぎ」「成虫」の写真を並べた後、「昆虫は、みんなモンシロチョウと同じ育ち方をするのかな？」と本時の学習課題を投げかけた。「昆虫だからみんな同じ」という意見が多い中、「バッタはちがう」という声があがった。「カブトムシはどうなんだろう。調べてみよう」と本時の中心的な学習活動に移った。調べて確かめたいという思いを引き出せたので、全員、集中力を切らさずに１時間ずっと主体的に学習に取り組むことができた。

　調べ学習にはペア学習を取り入れた。後半、グループでの学習になったとき、さなぎになるものとならないものが混在するように、最初に調べる昆虫だけは指定した。多動系の子どもが多いので、合法的な離席ができるように、図書資料を昆虫のすみかごとに分類してコーナーに置き、ペアで昆虫を探しに行くという設定にした。図書資料から必要な情報を読み取ることに慣れていないので、不要なページは輪ゴムで閉じ、別なことに関心が移らないように工夫した（図7-4-1）。また、書くことが苦手な子どものためにワークシートは〇印を記入するだけの簡単なものにした（図7-4-2）。ペア学習からグループ学習、全体へと

図7-4-1　ペア学習の様子

図7-4-2　記入量を減らしたワークシート

対話的な学習が進み，お互いに調べた結果を情報交換することで学びが深まっていった。

6 2年目の取り組み

　2年目は，1年目の授業の導入時に実施した昆虫クイズを「グループ対抗クイズ大会」として1時間かけて取り組んだ。一問一答式だったクイズを学習問題とし，難易度を上げた。学習形態も個人ではなくグループにした。マルチ知能も1つの知能に特化するのではなく，複数の力を組み合わせて使うようにした。一問だけ例を挙げる。先ず，昆虫の口の写真を見せ，昆虫の名前を考えさせる。その後食べ物を調べさせ，口の形と食べ物の関係について考察させた。「カブトムシ」「セミ」「バッタ」を問題にしたが，「モンシロチョウ」の口の形と比較するなど，既習事項と関連づけて考える子どももいた。

　最後の問題には，校庭に出て昆虫を探すというフィールドワークを取り入れた。「クモやダンゴムシは昆虫？」とグループで話し合う様子が見られた。単元のまとめにもマルチ知能を生かし，「モデル化する」「図や表」「新聞形式」など，自分に合ったまとめ方を選択させた。子どもたちは，1時間たいへん集中して学習に取り組んでいた。とても学習効果が上がったので，ゆとりの時間に一斉に折り紙で昆虫のからだのつくりを表す課題を与えた。教師のねらい通り，グループ内で「聴き合う」「教え合う」といった協働する姿がみられた。しかし，一人だけ全く折り紙の興味を示さない子どもがいたため，教師はその一人につきっきりになってしまった。子どもだけで学習が成立した前時とはとても対照的であった。自分に合ったやり方を選べるというのは，大変重要な要素である。

7 実践の成果と今度の課題

　子どもの「やる気」が学びの基盤となる。「学習問題」「教材」「授業の展開」「友達関係」「教師との関係」「体や心の調子」など，様々な要素と複雑に関連しているので，「やる気」を引き出す方法は一概には言えない。だからこそ子どもが主体的に学びに向かえるように教師は絶えず腐心する必要がある。また，子ども

のやりにくさも多様化しているので，一人一人の特性をしっかり把握し，個々のニーズに応じた支援が大切である。調べ学習において，図解資料より解説文を好む子どもがいた。ユニバーサルデザインだからといって視覚化を押しつけるのではなく，子どもが自分の必要に応じて学び方を選べるということが重要であると感じた。

　アクティブ・ラーニングを進めるにあたっては，ペア学習を基本とし，グループ，全体へと広げていくとよい。しかし，グループにする必然性や必要感を子どもが感じていなければ，形骸化したアクティブ・ラーニングになってしまう。教師と子どもが共通の課題意識をもち，見通しをもって取り組めるように単元の学習をデザインすることが肝要である。

5 「自ら学べる力」をつける家庭学習

田中博司

1 はじめに

（1）「学び方を学ぶ」と「自分で学べる力」

　多様な子どもたちが，それぞれの特性にあった学習を行うことができれば，どの子も学びやすい授業となるだろう，そんなことを思い描きながら，これまで教室での学びを考えてきた。そのために，「学び方を学ぶ」学習を教室に取り入れ，「マルチピザ」（マルチ知能の８つの力），「やるきちゅトリオ」（やる気・記憶・注意の３つのコツ）を，子どもたちに伝えてきた。（涌井，2015）

　授業を通して，子どもたちに「学び方」を教授し，習得させながら，自ら自分に合った「学び方」を選んで学習する機会を設けた。自分にあった学び方を選択して学習を進めることができるようにすることで，今後，学習の場が変わり，学習形態や学習環境が違っても，自ら自分に合った学びを展開していく姿が期待できる。こうした学びを，「自分で学べる力」と称し，子どもたちに伝えた。

（2）家庭学習の活用

　もっと「自分で学べる力」を育てる機会を増やしたいと考えたが，実際には，日常の授業の中で，継続的に自分に合った「学び方」で選び学習する機会をもつことは難しかった。その結果，教師の指導の下では，「学び方」を意識するのだが，教室から離れるとあまり活用できていない実態が見られた。

　そこで毎日行う家庭学習を活用することにした。本校では，毎日，学年×10分間の自宅学習することがきまりとなっている。この家庭学習のために，教師

が何らかの課題を宿題として与えることも慣例となっている。

　家庭学習は、毎日行うもので、しかも自由度が高い。教科の指導内容や授業形態などの制約も少ない。家庭学習を通して、自分に合った学び方を選び学ぶ機会を設けることができれば、継続的、日常的に「学び方を学ぶ」ことができ、「自分で学べる力」を定着させることができるのではないかと考えた。

（3）家庭学習における学びのしかけ

　「自分で学べる力」を育てる家庭学習を実施する中て留意したことがある。

　1つ目は、「学びの動機付け」である。家庭学習には、教師が子どもたちをコントロールできる状態にないという大きな弱点がある。基本的に子どもたち自身に任せるものであって、直接教師が環境を整えたり、声をかけたりできるものではない。そこで、子どもたちが学ぼうと思えるしかけが大事だと考えた。

　2つ目は、「学びを選ぶ」ということである。教師が与える課題をやるだけでは、期待する「自分で学べる力」は育たない。子どもたち自身が選択できる状況を作る必要がある。そこで、「学びの内容の選択」「学びの量の選択」「学びの方法の選択」ことができるような取り組みを取り入れた。

　さらに3つ目として「自分で学べる力」をつけるために見逃せないことに、内省力を育てることがある。そのために「学びの可視化」と「学びのふりかえり」を図ることができる機会を設けた。

　このような6つの要素（A：学びの動機付け、B：学びの内容の選択、C：学びの方法の選択、D：学びの量の選択、E：学びの視覚化、F：学びのふりかえり）に留意して家庭学習を展開することにした。

2　クラスの様子

　ここでは、小学校6年生（児童数30名）の実践事例を取り上げる。

　家庭学習は、宿題として、漢字ドリルや計算ドリルなどを中心に、毎日、おおむね15分から30分で取り組むことができる課題を出した。それと共に、めやすの60分間学習できるように、自分で考えて学習できるようにした。

　宿題については、毎日、9割以上の子が提出していた。自分でドリルの問題

を解くことができない子はいなかった。

3 実際の指導

（1）家庭学習の取り組み

　家庭学習の中で，先に挙げた6つの要素，Ａ：学びの動機付け，Ｂ：学びの内容の選択，Ｃ：学びの方法の選択，Ｄ：学びの量の選択，Ｅ：学びの視覚化，Ｆ：学びのふりかえりができるように次のようなツールを用意した。

①**自学ノート**：Ｂ4の10ミリ方眼のノートを各自持たせる。
②**家庭学習チェックシート**：毎日の家庭学習の様子をチェックし，提出する（図7-5-1）。
　　※家庭学習チェックシートには，次の項目を記入できるようにした。
　　┌ ア．毎月の目標　イ．毎週の学習計画　ウ．毎日の学習チェック　エ．学習ポイ
　　│ ントの記録　オ．学習時間の記録　カ．保護者・担任のサイン　キ．毎月のふり
　　└ かえり
③**「学び方」ふりかえり**：自学ノートのそれぞれのページの終わりにカードを貼り，毎回の「学び方」をふりかえる。
④**（合格）の数ランキング**：担任からノートに記すＡ（合格）の数や，終了したノートの冊数を記録し，定期的に順位を発表する。
⑤**50冊数ごとの学級目標達成カード**：終了したノートの冊数を数え，クラスの合計数が50冊，100冊になると，目標達成として，カードで掲示する

　自学ノートや家庭学習チェックシートの取り組みは，伊垣尚人氏の実践を参考にした（伊垣，2012）また，上記のツールやしかけと，留意した6つの要素との関係は，表7-5-1に示した。

4 実践での子供たちの様子

　1年間を通して，最も自学ノートに取り組んだ子が20冊。最も少なかった子

表7-5-1　学びとしかけと6つの要素

	A 動機付け	B 学びの内容の選択	C 学びの方法の選択	D 学びの量の選択	E 学びの視覚化	F 学びのふりかえり
自学ノート	○	○	○	○	○	
チェックシートの目標	○	○	○	○	○	
チェックシートの学習計画	○	○	○	○	○	
チェックシートのチェック	○	○	○	○		○
ポイントの記録	○	○				
時間の記録	○			○		○
サイン						○
チェックシートのふりかえり						○
Aの数ランキング	○			○	○	
学び方チェック	○		○		○	
50冊の目標	○			○	○	

図7-5-1　家庭学習チェックシート

は，1冊であった。クラスの平均は5冊になった。

　2学期の後半頃に，アンケートで「自ら進んで家庭学習をすることができますか？」と聞いたところ，そう思う（12人），ややそう思う（14人），あまり思わない（3人），思わない（0人）という結果だった。「『自分で学べる力』がついたと思いますか？」という問いには，そう思う（12人），ややそう思う（14人），あまり思わない（2人），思わない（0人）となった。

　また，「『自分で学べる力』をつけるのに，役立つものはどれですか？」という問いに対する回答は，図7-5-2に示した。

5 実践の成果と今後の課題

　「自分から進んで家庭学習をすることができますか？」「『自分で学べる力』がついてきていますか？」という問いに，ほとんどの子が，肯定的な答えを示した。実際に，自学ノートを中心に自ら学習に取り組む子が多く，60分以上学習に取り組む子もたくさんいた。多くの子どもたちに，「選択力」や「内省力」が

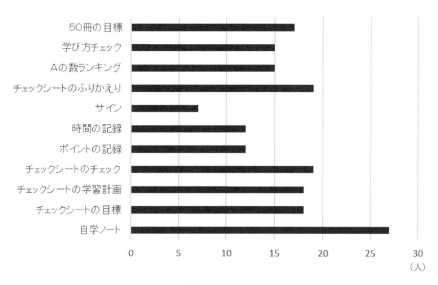

図7-5-2　アンケート結果——「自分で学べる力」をつけるのに役立つもの

身に付き，「自分で学べる力」が育っていると感じた。

　教師が用意したツールや学びのしかけについては，ほんとどのものに半分以上の子が肯定的な答えを示した。特に，6つの要素との関係が多くなるものについて，肯定的な答えの人数が多い傾向が見られた。「自分で学べる力」をつけるために，6つの要素とのかかわりがうかがえる。

　ただし，この実践では，6つの要素にかかわる学びのしかけを教師が用意している。今後，子供たちが「自分で学べる力」を生かしていくたためには，こうした学びのしかけを子供たちが自覚し，自ら活用していく力をつけていかなくてはならないだろう。

　また，「自ら進んで家庭学習をすることができますか？」との問いに，あまりあまり思わないと答えた3人は，いずれも自学ノートの提出が3冊以下だった。しかし，この子たちは，内容，方法，量の選択ができるかどうかについては，肯定的に答えていた。教師の手を離れる家庭学習においては，児童自身の力や家庭環境が大きく影響する。そうした状況のもと，動機づけへの支援が大きな課題になることがうかがえる。

　一方，子ども自身は肯定的であるのに対して，教師の評価としては，十分な学習ができていないと思われる子がいる。「自分で学べる力」を伸ばすことも必要だが，教師から教わったり，課題をやりとげたりして，知識・技能を定着させたり，自信ややる気をつけていくことも必要である。子ども達の発達段階に合わせた家庭学習の在り方を，今後もさらに考えていきたい。

【引用・参考文献】

涌井　恵（編著）(2015) 学び方にはコツがある！その子にあった学び方支援．明治図書出版．
伊垣尚人 (2012) 自主学習ノートの作り方．ナツメ社．

6 6年間で育成する自ら考え自ら工夫して学ぶ力

──「学び方を学ぶ」ことに特化した授業の展開を探る

久武孝弘

1 はじめに

　本稿で紹介する実践校では，「学び合い」を核にした授業づくりを何年もの時間を掛けて，追究してきた。その途中，「学び合い」を土壌とした授業づくりの中に，涌井 (2014) が提唱するマルチ知能理論を新たに取り入れ，ユニバーサルデザインな授業づくりの推進を目指すこととなった。

　しかし，毎年教職員が入れ替わる学校現場において，本実践校での研究に関わってまだそれほどの年数を重ねていない教員が，マルチ知能をどのように活用してよいか戸惑う状況が見られた。また，マルチ知能を様々な教科等の中で活用できるようにするための「学び方を学ぶ」時間が，教育課程の中に新たに付け加えられる必要がある，という課題も浮かび上がった。さらに教科等の中で学び方を学ぶ場を設けると，教科本来のねらいが薄らぐことが懸念されるといった声が，実践を重ねる中で多数挙がってきた。

　そこで，ジアース教育新社で市販している『「学び方を学ぶ」テキスト』(涌井, 2014) を基に，「学び方を学ぶ」ことに特化した授業を計画し，総合的な学習の時間を使って展開していくことを試みることにした。教育課程への位置づけにより，マルチ知能活用に戸惑いを見せる教師も，まず何をすべきかが明確になってくるだろうと考えた。

2 「学び方を学ぶ」授業の計画の様子

　校内に設けられたマルチ知能活用推進の担当者が中心になり，各学年で扱う

内容を涌井氏の助言を基にあらかた吟味し，全体計画を作成した（表7-6-1）。その後，各学年の担任が指導計画を作り，授業を実践できるようにした（図7-6-1）。

　マルチ知能の8つの力を発揮するためには，それと同時に「やる気」「記憶」「注意」（やる・き・ちゅ）の力も基礎的な力として身に付けていかなければならないことが，それまでの校内研究で見えていたため，「学び方を学ぶ」授業の指導計画には，この「やる・き・ちゅ」との関わりを軸とした指導内容が中心となって配列されている。低学年でマルチ知能の基礎的なことを理解し，6年生にな

「学び方を学ぶ」指導計画　6年

1）題材名　ウェブマップで覚えてみよう（記憶）
2）ねらい　覚えたい文字や言葉、事柄などから連想されるものを書き出していくことによって、「記憶」をする際のよりどころとなるものを見つけ、自分に合った「記憶」の方法について考察することができる。
3）時間　1時間
4）資料　「学び方を学ぶ」テキストより　18ページ

学　習　活　動	※　特別な支援が必要な児童への支援・配慮

1．覚える方法として「ウェブマップ」があることを知り、例を基にウェブマップの概要を知る。
2．覚えたい漢字や言葉、事柄を選び、ウェブマップの真ん中に記す。そこから連想されるものを周りに書き出してつなげていく。
※真ん中に記すものの例を挙げ、そこから選んでもよいようにする。
3．小グループで交流しながら、連想を更に広げウェブマップに書き足していく。
※連想を広げにくい友達の手助けをすることで、自分の発想も広がっていくことを助言し、「人の力」を有効活用できるようにしていく。
4．連想したものの中から「記憶」のよりどころとなるものを見つけ出し、記録する。
5．「漢字」を覚える方法を、マルチピザを使ってマインドマップにまとめてみる。
6．活動を振り返り、自分に合った「記憶」の方法について考察する。

5）児童の様子・考察

図7-6-1　初めに作成された指導計画

表7-6-1「学び方を学ぶ」授業の全体計画と指導内容

	指導のねらい	指導内容	題材名	学年	領域
理論編	多様性を理解し、それぞれの個性を認められる学級集団をつくる。	多様性を理解する——みんな違って、みんないい（性格、学習特性など）	・マルチ知能でいいところ探し ・僕・私のダイヤモンド（私たちはスターだ！）	2年 3年	学活 総合
	何かを学ぶときの頭の働き方を知り理解する。	①何かを学ぶときの頭の働き方を知る。 ○マルチ知能について知る。	・マルチピザの8つの力を知ろう ・やる・き・ちゅトリオの力を知ろう ・「ひと」や「じぶん」の力をつかってみよう ・こころの作文メモ	1年 1年 2年 4年	学活 学活 学活 総合
		②何かを学ぶときの頭の働き方を知る。 ○記憶の仕組みとコツ	・先生のバッグのなかみは? ・記憶の仕組みとコツ ・マルチピザの力を使って漢字を覚えよう ・SFOの雲（ゴロ合わせ）で覚えてみよう ・ウェブマップで覚えてみよう	1年 3年 4年 5年 6年	学活 総合 総合 総合 総合
		③何かを学んでいるときの頭の働き方を知る。 ○注意・集中の仕組みとコツ	・注意の仕組みとコツ ・注意を引くのはどれ? ・大事な言葉に印をつけよう ・手順表を利用しよう、作ってみよう	3年 4年 5年 6年	総合 総合 総合 総合
		④何かを学んでいるときの頭の働き方を知る。 ○やる気の仕組みとコツ	・やる気の仕組みとコツ ・僕・私の好きなことベスト50! ・やってみよう!心のリラックス法 ・やる気を高める工夫をしてみよう	3年 4年 5年 6年	総合 総合 総合 総合
応用編	○自分に合った学び方を活用できる。	○自分に合った学び方／覚え方を活用（選ぶ、自分で考える）する。	・マルチ知能を使って九九を覚えよう ・マルチ知能を使って漢字を覚えよう ・マルチなまとめ・発表 ・漢字に強くなろう1・2 ・自分に合った学び方を工夫しよう ・思考ツールの使い方	2年 3年 4年 5年 6年 6年	算数 総合 総合 総合 総合 総合

るまでの間に様々な学び方を系統立てて指導していく。

　高学年においては45分単位の授業を年間5時間から6時間計画し，それを総合的な学習の時間に実践できるように年間指導計画の中に位置付けた。低学年では，15分から45分の内容を算数等の教科の導入や学級活動で扱うことができるようにした。これにより各担任が「学び方を学ぶ」授業を確実に行うことのできる環境が整えられた。

3　実際の指導

　各学年で作成した，活動ごとの指導計画には，題材名，ねらい，時間，学習活動，特別な支援が必要な児童への支援・配慮を記入した。また，実践を通して見えてきた事柄をもとに，指導計画に加筆し，更に実用的な指導計画に生まれ変わるようにした。

　指導計画に従い，総合的な学習の時間の中で行った実践事例を二つ紹介する。

(1) 活動「ウェブマップで覚えてみよう」(小学6年)

　これは「やるきちゅ」の中の「記憶」について扱った内容である。

　「学び方を学ぶ」授業を行うにあたっては，『「学び方を学ぶ」テキスト』(涌井，2014) を使用した。このテキストには様々な学び方のコツが記されており，授業の内容に応じた箇所を児童が参照しながら活動に役立てることができる。

　計画では「ウェブマップ」(涌井，2014) の概要を知り，使い方を試すという活動が中心であったが，今回の実践では6年生の児童は1～5年生の計画にある活動を行ってきていないため，5年生の計画に含まれている「ゴロ合わせの雲」(涌井，2014) も併せて扱うことにした。

　指導計画には大まかな活動の流れが示されているが，学級の学びの実態に合わせた計画の変更も，時にはこのように必要になってくる。

　新しい体験として，児童はまず「ゴロ合わせの雲」(涌井，2014) を実際に使って，未習の漢字や歴史の学習に出てくる難しい用語を覚えるコツの習得を試みた。記憶への興味が高まったところで，次に，本題である「ウェブマップ」(涌井，2014) を使用した活動を行った。ここでも未習の漢字や歴史に出てくる難

しい用語を例として，関連する言葉や連想する事柄を書き入れることを通し，記憶のコツを学んだ。

　子どもたちはこれまでに漢字練習でマルチの力を使うことを通して，記憶のコツを探ってきていた。その体験と今回試した二つの方法を比べ，自分に合った方法について考察した。また，これまでの学び方を振り返り，自分の記憶に役立ちそうな方法についての分析も加えた。

（2）活動「思考ツールの使い方」（小学6年）

　これは言葉の力を活用した学び方のコツを身に付ける学習内容になっている。思考ツールを体験するにあたって，『思考ツール：関大初等部式 思考力育成法〈実践編〉』（関西大学初等部，2013）を資料として用いた。

　今回は，6つの思考ツール（ベン図，Yチャート，ボーン図，イメージマップ，ピラミッドチャート，分析表）を体験する展開を組んだ。

　それぞれの思考ツールの説明を聞き，使い方をつかんだ上で，試してみたい思考ツールを一つ選び体験してみるという活動を行った。たとえば，ベン図であれば左右にクラスの男女それぞれのよさを記入し，真ん中にはクラス全体のよさを記入するといった使用例を教師側から示し，それぞれの思考ツールを興味をもって気軽に使えるように工夫した。

　試した思考ツールがなるべく重ならないように4人グループを編成し，使ってみた思考ツールのよさを紹介し合った。そこから，それぞれの思考ツールが，これからどんな場面で活用できそうかを考えた。たとえば，Yチャートであれば道徳の授業で友達の意見を分類して，自分の考えを生み出すことに役立てられそうなどという意見が出された。

4 指導中の子どもたち・クラスの様子

（1）活動「ウェブマップで覚えてみよう」

　活動の振り返りで，子どもたちがワークシートに記入したことをいくつか紹介する。

　「漢字などは社会人でも使うので自分でもわかりやすいやり方で漢字を覚えていきたい。ウェブマップをもとに漢字を自分らしく覚えていきたい」「私の記憶の力を伸ばすのはゴロ合わせの雲でもウェブマップでもなく，普段から取り組んでいるマルチの力の活用ということがわかった」「自分の得意なことだったら楽しく記憶できることがわかった。自分の得意なことをどうすれば生かせるのかというのを考えながら上手に記憶できるようにしていきたい」

　授業で試した3つの方法から，どの方法が自分に合っているかを振り返る活動を通して，子どもたちに自分自身の学び方を見つめる力が身に付いてきていることを感じた。これまでの学び方とこの授業での学びを照らし合わせるところから，これからどうしていきたいかを根拠をもって考えることもできていた。マルチ知能を活用した学習の積み重ねの中で，自己教育力が育ってきたことの表れとも捉えられるのではないだろうか。

（2）活動「思考ツールの使い方」

　児童の振り返りでは，以下のようなコメントが寄せられた。

　「もっと自分の特徴を知って自分に合ったやり方でまとめられるようにしたい」「国語の読み取りが苦手だけど，ピラミッドチャートを使うと構成がつかめて読み取りがやりやすくなる。読み取りに慣れるためにもピラミッドチャートを使っていきたい」「私は道徳でたくさん意見を出したくて頑張るのですが，いつもあんまり出せずに終わってしまいます。なので『ベン図』をAさんが言った方法で使っていきたい」「僕たちの班には色々な考えをもった人たちがいたので，どのようなときに使えるか考えを広げられて，とても役に立ちます（特別支援学級から交流に来ている児童のシートより）」

　これらの振り返りから，友だちの活動のよさを自然に認めながら学び合っていることを特に強く感じた。これまでに積み上げた学び合いが土台となり，このようなよさが表れているように思う。改めて，「学び合い」と「マルチ知能活用」の相互作用の効果を感じることができた。

　難しい内容とも思われた学習だったが，授業後にもっと思考ツールを使ってみたいという意欲が強く感じられた。学ぶ意欲を刺激する授業になった。また，特別な支援が必要な児童も集中を持続させながら学ぶ姿が見られ，だれもが「よ

りよい学び方を身に付けたい」という希望をもっているのだということも感じられた。この点からも、「学び方を学ぶ」授業は、子どもたちのニーズに合致した指導内容になっているということがいえるのではないだろうか。

5 実践の成果と今後の課題

　初めに作られた指導計画をもとに、各学年で授業の実践がなされた。実践の反省を生かして次年度始めに指導計画が整理され、一回りパワーアップした指

```
┌────────────────────────────────────────────────────────────┐
│ 「学び方を学ぶ」指導計画　　　　　６年                        │
│                                                              │
│ 1）題材名　ウェブマップで覚えてみよう（記憶）                 │
│ 2）ねらい　覚えたい文字や言葉、事柄などから連想されるものを書 │
│            き出していくことによって、「記憶」をする際のよりど │
│            ころとなるものを見つけ、自分に合った「記憶」の方法 │
│            について考察することができる。                    │
│ 3）時間　　１時間                                             │
│ 4）資料　　「学び方を学ぶ」テキストより　　18 ページ          │
│                                                              │
│ 学　習　活　動　　　　　　※ 特別な支援が必要な児童への支援・配慮│
│                                                              │
│ 1．覚える方法として「ウェブマップ」があることを知り、例を基に │
│    ウェブマップの概要を知る。                                │
│ 2．覚えたい漢字や言葉、事柄を選び、ウェブマップの真ん中に記す。│
│    そこから連想されるものを周りに書き出してつなげていく。     │
│    ※真ん中に記すものの例を挙げ、そこから選んでもよいようにする。│
│ 3．小グループで交流しながら、連想を更に広げウェブマップに書き足│
│    していく。                                                │
│    ※連想を広げにくい友達の手助けをすることで、自分の発想も広 │
│     がっていくことを助言し、「人の力」を有効活用できるようにする。│
│ 4．連想したものの中から「記憶」のよりどころとなるものを見つけ出│
│    し、記録する。                                            │
│ 5．「漢字」を覚える方法を、マルチピザを使ってマインドマップにま│
│    とめてみる。                                              │
│ 6．活動を振り返り、自分に合った「記憶」の方法について考察する。│
│                                                              │
│ 5）他教科や生活場面での活用                                  │
│  ○　漢字練習（漢字テスト前など）                             │
│  　・漢字の学習においては、記憶のコツを色々と試しやすい。また、│
│     記憶の効果を確かめやすい。                               │
│  ○　社会科の専門用語の記憶                                  │
│  　・社会科の用語を覚えることが苦手な児童が多い。記憶に役立つ方│
│     法を見つければ意欲も高まる。                             │
│ 6）児童の様子・考察                                          │
│  　これまでにテキストＰ１７の「ゴロ合わせの雲」を試したことがな│
│   い学年だったので、それも合わせて体験してみた。漢字を覚えるた │
│   めにこれまでに体験してきた「マルチの８つの力の活用」、それに、│
│   今回試した「ゴロ合わせの雲」「ウェブマップ」のどれが自分に合 │
│   っているかを考えさせた。漢字練習の仕方にも新たな工夫があるこ │
│   とを知り、この後の漢字練習に生かせていた児童がいた。また、こ │
│   れまでの自分の学習方法のよさを再認識できた児童もいた。       │
│ ※特別な支援が必要な児童への配慮を実施して                    │
│  ・体験的な学習であることを知らせ、あまり書けないことに抵抗を感│
│   じないよう配慮した。                                       │
│  ・真ん中に示すものの例は簡単なものがよい。知識が無いと、学習が│
│   進まなくなる。                                             │
└────────────────────────────────────────────────────────────┘
```

図7-6-2　実践後加筆された指導計画
（注：5）と6）の部分が加筆されたものである）

導計画に生まれ変わった。他教科や生活場面での活用，児童の様子・考察，特別な支援が必要な児童への配慮を実施してといった項目が新たに加筆された（図7-6-2）。各学年の系統性を考慮して，指導計画に修正を加えていく必要性がある。今回紹介した思考ツールについても，実際には低学年から使用できる（第7章［2］の実践参照）。6年間を通じて，どのように活用していくかを考え，指導計画を新たに作り直すことになる。子どもの実態に合った指導を行えるように配列を見直し，更に使いやすい全体計画を整備していくことが今後の課題である。

　「学び方を学ぶ」授業を実践してみて，改めて子どもたちは常に学ぼうとしている存在であるということが確かめられた。総合的な学習の時間に「学び方を学ぶ」時間を位置づけたことで，子どもたちに必要な学習スキルを身に付けさせる機会を，確実に作り出せるようになった。

　学び方を学んだ後に，それを活用できる場をいかに教師側が作り出せるかということも大きな課題である。子どもたちに自主的に生かしてもらいたいところであるが，任せるだけではまだ難しいことは明らかである。各教科の中で生かしていくことも視野に入れて，指導計画をさらに実用的なものにしていきたいと考えている。

【引用・参考文献】

関西大学初等部（2013）思考ツール：関大初等部式 思考力育成法〈実践編〉. さくら社.
涌井恵（2014）「学び方を学ぶ」テキスト：学びの達人（ふろしき忍者）になれるコツ. ジアース教育新社.

▌著者紹介 (執筆順)

涌井　　恵　（わくい・めぐみ）　　編者・白百合女子大学人間総合学部准教授

関田　一彦　（せきた・かずひこ）　創価大学教育学部教授

栗原　慎二　（くりはら・しんじ）　広島大学大学院人間社会科学研究科教授

伊藤　崇達　（いとう・たかみち）　九州大学大学院人間環境学研究院准教授

原田　浩司　（はらだ・こうじ）　　筑波技術大学保健科学部客員研究員

石川　　晋　（いしかわ・しん）　　NPO授業づくりネットワーク理事長・
　　　　　　　　　　　　　　　　　横浜市立小学校教諭

嶋﨑　博一　（しまざき・ひろかず）岐阜県可児郡御嵩町立向陽中学校教頭

堀川　知子　（ほりかわ・ともこ）　栃木県鹿沼市立北小学校教諭

畑中由美子　（はたなか・ゆみこ）　神奈川県鎌倉市立富士塚小学校総括教諭

小野　典利　（おの・のりとし）　　栃木県鹿沼市立石川小学校校長

田中　博司　（たなか・ひろし）　　東京都公立小学校主幹教諭

久武　孝弘　（ひさたけ・たかひろ）栃木県鹿沼市立楡木小学校教諭

▌監修者紹介

柘植雅義(つげ・まさよし)

筑波大学人間系障害科学域教授。愛知教育大学大学院修士課程修了，筑波大学大学院修士課程修了，筑波大学より博士（教育学）。国立特殊教育総合研究所研究室長，カリフォルニア大学ロサンゼルス校（UCLA）客員研究員，文部科学省特別支援教育調査官，兵庫教育大学大学院教授，国立特別支援教育総合研究所上席総括研究員・教育情報部長・発達障害教育情報センター長を経て現職。主な著書に，『高等学校の特別支援教育 Q&A』（共編，金子書房，2013），『教室の中の気質と学級づくり』（翻訳，金子書房，2010），『特別支援教育』（中央公論新社，2013）『はじめての特別支援教育』（編著，有斐閣，2010），『特別支援教育の新たな展開』（勁草書房，2008），『学習障害(LD)』（中央公論新社，2002）など多数。

▌編著者紹介

涌井　恵(わくい・めぐみ)

白百合女子大学人間総合学部准教授。東京学芸大学大学院連合学校教育研究科（博士課程）単位取得満期退学。博士（教育学）。国立特別支援教育総合研究所主任研究員，英国 Leeds 大学客員研究員を経て現職。公認心理師，臨床心理士，特別支援教育士スーパーバイザー。近年は発達障害児も在籍する通常の学級での協同学習や，ユニバーサルデザインな授業，自己調整，インクルーシブ教育をキーワードに研究や発達支援に取り組んでいる。著書に『学び方を学ぶ──発達障害のある子どももみんな共に育つユニバーサルデザインな授業・集団づくりガイドブック』（ジアース教育新社，2014），『学び方にはコツがある！ その子にあった学び方支援』（明治図書，2015）などがある。

ハンディシリーズ 発達障害支援・特別支援教育ナビ

特別支援教育とアクティブ・ラーニング
—— 一人ひとりの違いを活かす通常学級での教え方・学び方

2023 年 5 月 30 日　初版第 1 刷発行　　　　　　　　　　　［検印省略］

監修者	柘	植	雅	義	
編著者	涌	井		恵	
発行者	金	子	紀	子	
発行所	株式会社 金	子	書	房	

〒112-0012　東京都文京区大塚 3-3-7
TEL　03-3941-0111㈹
FAX　03-3941-0163
振替　00180-9-103376
URL　https://www.kanekoshobo.co.jp

印刷／藤原印刷株式会社　製本／一色製本株式会社
装丁・デザイン・本文レイアウト／mammoth.

© Megumi Wakui, et al., 2023
ISBN 978-4-7608-9560-1　C3311　Printed in Japan

金子書房の発達障害・特別支援教育関連書籍

子どもの特性や持ち味を理解し、将来を見据えた支援につなぐ

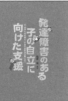

発達障害のある子の自立に向けた支援

—— 小・中学生の時期に、本当に必要な支援とは？

萩原　拓 編著　　　A5判・184頁　本体1,800円＋税

通常学級にいる発達障害のある子どもが、将来社会に出て困らないための理解や支援の
あり方を紹介。学校でできる支援、就労準備支援、思春期・青年期に必要な支援などを、
発達障害支援・特別支援教育の第一線で活躍する支援者・研究者・当事者たちが執筆。
好評を得た「児童心理」2013年12月号臨時増刊の書籍化。

CONTENTS

K 金子書房

自閉スペクトラム症のある子への性と関係性の教育

具体的なケースから考える思春期の支援

川上ちひろ 著　　　A5判・144頁　本体1,800円＋税

自閉スペクトラム症
の ある 子へ の
性 と 関係性の教育

具体的なケースから考える思春期の支援

川上ちひろ 著

中京大学教授　辻井正次先生 推薦！

「性」の領域は、タブーや暗黙のこととされることが多く、発達障害の子どもたちにとって指導が必
要な領域です。本書は、通常学級などに在籍する知的な遅れのない発達障害の子どもたちを対
象に、「性」の問題を、そこにいる他者との「関係性」のなかで、どう教えていくのかについての実
践的な内容が書かれています。多くの子どもたちと保護者・教師を助けてくれる1冊となるでしょう。

**主な
内容**
第Ⅰ部　思春期のASDのある子どもの性と関係性の教育について
「性と関係性の教育」とは何か／思春期を迎えたASDのある子どもの性的文脈の関係の複雑さ
／従来の「性教育」「性の捉え方」からの脱却／ASDのある子どもの性と関係性に関わる問題
行動について／家族や支援者の悩み・陥りやすい間違った関わりについて／ほか
第Ⅱ部　具体的ケースから考える——ASDのある子どもの性と関係性の教育・支援
男女共通・どの年代でもあてはまる話題／とくに思春期の女子にあてはまる話題／とくに思春
期の男子にあてはまる話題

K 金子書房

金子書房の心理検査

自閉症スペクトラム障害（ASD）アセスメントのスタンダード

自閉症スペクトラム評価のための半構造化観察検査

ADOS-2 日本語版

導入ワークショップ開催！

C. Lord, M. Rutter, P.C. DiLavore, S. Risi,
K. Gotham, S.L. Bishop, R.J. Luyster, &
W. Guthrie　原著

監修・監訳：黒田美保・稲田尚子

［価格・詳細は金子書房ホームページをご覧ください］

検査用具や質問項目を用いて、ASDの評価に関連する行動を観察するアセスメント。発話のない乳幼児から、知的な遅れのない高機能のASD成人までを対象に、年齢と言語水準別の5つのモジュールで結果を数量的に段階評価できます。DSMに対応しています。

〈写真はイメージです〉

自閉症診断のための半構造化面接ツール

ADI-R 日本語版

■対象年齢：精神年齢2歳0カ月以上

Ann Le Couteur, M.B.B.S., Catherine Lord, Ph.D., &
Michael Rutter, M.D.,F.R.S.　原著

ADI-R 日本語版研究会　監訳
［土屋賢治・黒田美保・稲田尚子　マニュアル監修］

●プロトコル・アルゴリズム
　（面接プロトコル1部、包括的アルゴリズム用紙1部）…本体 2,000円＋税
●マニュアル …………………………………… 本体 7,500円＋税

臨床用ワークショップも開催しております。

ASD関連の症状を評価するスクリーニング質問紙

SCQ 日本語版

■対象年齢：暦年齢4歳0カ月以上、
　精神年齢2歳0カ月以上

Michael Rutter, M.D., F.R.S., Anthony Bailey, M.D.,
Sibel Kazak Berument, Ph.D., Catherine Lord, Ph.D., &
Andrew Pickles, Ph.D.　原著

黒田美保・稲田尚子・内山登紀夫　監訳

●検査用紙「誕生から今まで」(20名分1組) ……… 本体 5,400円＋税
●検査用紙「現在」(20名分1組)………………… 本体 5,400円＋税
●マニュアル……………………………………… 本体 3,500円＋税

※上記は一定の要件を満たしている方が購入・実施できます。
　詳細は金子書房ホームページ（http://www.kanekoshobo.co.jp）でご確認ください。

K 金子書房

ハンディシリーズ

発達障害支援・特別支援教育ナビ

柘植雅義 ◎監修

〈既刊〉

ユニバーサルデザインの視点を活かした指導と学級づくり
柘植雅義 編著

定価 本体1,300円＋税／A5判・104ページ

発達障害の「本当の理解」とは
——医学，心理，教育，当事者，それぞれの視点
市川宏伸 編著

定価 本体1,300円＋税／A5判・112ページ

これからの発達障害のアセスメント
——支援の一歩となるために
黒田美保 編著

定価 本体1,300円＋税／A5判・108ページ

発達障害のある人の就労支援
梅永雄二 編著

定価 本体1,300円＋税／A5判・104ページ

発達障害の早期発見・早期療育・親支援
本田秀夫 編著

定価 本体1,300円＋税／A5判・114ページ

学校でのICT利用による読み書き支援
——合理的配慮のための具体的な実践
近藤武夫 編著

定価 本体1,300円＋税／A5判・112ページ

発達障害のある子の社会性とコミュニケーションの支援
藤野 博 編著

定価 本体1,300円＋税／A5判・112ページ

発達障害のある大学生への支援
高橋知音 編著

定価 本体1,300円＋税／A5判・112ページ

発達障害の子を育てる親の気持ちと向き合う
中川信子 編著

定価 本体1,300円＋税／A5判・112ページ

発達障害のある子／ない子の学校適応・不登校対応
小野昌彦 編著

定価 本体1,300円＋税／A5判・112ページ

教師と学校が変わる学校コンサルテーション
奥田健次 編著

定価 本体1,300円＋税／A5判・112ページ

LDのある子への学習指導
——適切な仮説に基づく支援
小貫 悟 編著

定価 本体1,300円＋税／A5判・108ページ

高等学校における特別支援教育の展開
小田浩伸 編著

定価 本体1,300円＋税／A5判・112ページ

大人の発達障害の理解と支援
渡辺慶一郎 編著

定価 本体1,300円＋税／A5判・112ページ

発達障害のある子のメンタルヘルスケア
——これからの包括的支援に必要なこと
神尾陽子 編著

定価 本体1,300円＋税／A5判・112ページ

発達障害のある子ども・若者の余暇活動支援
加藤浩平 編著

定価 本体1,300円＋税／A5判・112ページ

通級における指導・支援の最前線
笹森洋樹 編著

定価 本体1,300円＋税／A5判・108ページ

発達障害のある子の感覚・運動への支援
岩永竜一郎 編著

定価 本体1,300円＋税／A5判・112ページ

外国人の子どもへの学習支援
齋藤ひろみ 編著

定価 本体1,300円＋税／A5判・112ページ

特別支援教育とアクティブ・ラーニング
—— 一人ひとりの違いを活かす通常学級での教え方・学び方
涌井 恵 編著

定価 本体1,300円＋税／A5判・112ページ